WALTHER NEYE

BÜRGERLICHES RECHT IN LOGISCHER ANWENDUNG

(KLAUSURENLEHRE)

TEIL I

DINGLICHE ANSPRÜCHE

1949

AKADEMIE-VERLAG BERLIN

BÜRGERLICHES RECHT IN LOGISCHER ANWENDUNG

(KLAUSURENLEHRE)

TEIL I

DINGLICHE ANSPRÜCHE

VON PROF. DR. WALTHER NEYE

1949

AKADEMIE-VERLAG BERLIN

Erschienen im Akademie-Verlag GmbH., Berlin NW 7, Schiffbauerdamm 19
Lizenz-Nr. 156 · 3124/48–2886/48
Gedruckt bei: Leipziger Druckhaus (M 115)
Bestell- und Verlagsnummer: 5018/1

INHALTSÜBERSICHT

VORWORT

Worin auch immer man den Sinn eines Studiums der Rechtswissenschaft sehen mag, ein erfolgreiches Rechtsstudium verlangt stets eine systematische Durchdringung des Stoffes und eine gründliche Übung in seiner Anwendung. Um die Anwendung des Rechts handelt es sich hier. Für den Lernenden kommt es zunächst darauf an, zu begreifen, in welcher Weise und Reihenfolge er gedanklich vorzugehen hat, um auf die für den Fall entscheidenden Normen zu kommen. Die Zwangsläufigkeit dieser Reihenfolge in leicht verständlicher Weise darzulegen und damit die Fähigkeit der logischen Entwicklung praktischer Fälle des bürgerlichen Rechts zu vermitteln, versucht dieses Buch.

Der Verfasser

ALLGEMEINE EINFÜHRUNG

Praktische Rechtsaufgaben geben nach Darstellung des Sachverhalts eine Frage, die beantwortet werden soll. Das ist auch so, wenn die Frage nicht ausdrücklich gestellt ist, sondern sich aus der Fallerzählung von selbst ergibt. Jede Bearbeitung hat also das Ziel, die gestellte Frage oder die gestellten Fragen zu beantworten. Dabei muß alles erörtert werden, was für die Entscheidung der gestellten Frage wesentlich ist, und es darf nichts erörtert werden, was dafür unwesentlich ist. Dieses Ziel kann mit Sicherheit nur dadurch erreicht werden, daß – nach Erfassung des Sachverhalts! – die Bearbeitung des Falles mit der Frage beginnt. Die Überlegung, welche Voraussetzungen nach unserer Rechtsordnung erfüllt sein müssen, damit die Frage bejaht oder verneint werden kann, und die Untersuchung, ob die Voraussetzungen erfüllt sind, stellt bereits die ganze Arbeit dar.

In den weitaus meisten Fällen verlangt jemand, den wir K. (Kläger) nennen wollen, von einem anderen B. (Beklagter) etwas, er macht also einen Anspruch (das Recht, von einem anderen ein Tun oder ein Unterlassen zu verlangen § 194 I BGB.) geltend. Es muß daher untersucht werden, ob K. den geltend gemachten Anspruch hat. Da das nur der Fall ist, wenn unsere Rechtsordnung ihm diesen Anspruch zubilligt, muß die Überlegung damit beginnen, welcher von der Rechtsordnung gewährte Anspruch wohl überhaupt in Betracht kommt.

Wenn zunächst einmal von familien- und erbrechtlichen Ansprüchen abgesehen wird, dann bleiben dingliche und obligatorische Ansprüche übrig. Die Überlegung muß nun – wenn dingliche und obligatorische Ansprüche in Betracht kommen – grundsätzlich zuerst die dinglichen Ansprüche bzw. die dingliche Rechtslage umfassen. Erst nach Prüfung und Entscheidung der dinglichen Rechtslage darf die obligatorische Rechtslage geprüft werden. Der Grund hierfür liegt darin, daß in aller Regel die Kenntnis der dinglichen

Rechtslage Voraussetzung für die Beurteilung der obligatorischen Rechtslage ist:

Ein Anspruch aus Kaufvertrag beispielsweise kann gemäß §§ 440 I, 325 bestehen, wenn der Verkäufer die ihm nach den §§ 433–437 obliegenden Verpflichtungen nicht erfüllt. Nach § 433 obliegt ihm die Verpflichtung, dem Käufer das Eigentum an der verkauften Sache zu verschaffen, und zwar gemäß § 434 frei von Rechten Dritter. Zur Entscheidung über den Anspruch aus §§ 440 I, 325 muß also klargestellt werden, ob der Käufer Eigentümer geworden ist oder nicht, bzw. ob Rechte Dritter (vornehmlich dingliche Rechte) bezüglich der Sache bestehen oder nicht.

Nach § 823 macht die schuldhaft rechtswidrige Verletzung bestimmter Rechtsgüter (Leben, Körper, Gesundheit, Freiheit), des Eigentums oder eines anderen (absoluten) Rechts, vornehmlich also wieder eines Sachenrechts, schadensersatzpflichtig. Wieder muß man wissen, wer Eigentümer, Pfandgläubiger usw. ist, um über diesen Anspruch entscheiden zu können.

Nach § 812 ist Voraussetzung eines Bereicherungsanspruches u. a., daß jemand etwas erlangt hat. Ob er etwas (z. B. das Eigentum oder ein anderes dingliches Recht oder die Befreiung von einem dinglichen Recht) erlangt hat, ist eine Frage der dinglichen Rechtslage. Ebenso ist die in § 816 wichtige Frage, ob die Verfügung von einem Nichtberechtigten vorgenommen ist, sowie die Frage, ob die Verfügung wirksam ist, sehr oft eine solche des dinglichen Rechts.

Ist freilich im besonderen Falle nicht die Kenntnis der dinglichen Rechtslage Voraussetzung für die Beurteilung der obligatorischen, sondern umgekehrt die Kenntnis der obligatorischen Rechtslage Voraussetzung für die Beurteilung der dinglichen, dann muß natürlich mit der obligatorischen Rechtslage begonnen werden, so z. B. vielfach im Hypothekenrecht: Da die Hypothek das Recht ist, sich wegen einer Forderung aus dem belasteten Grundstück zu befriedigen (§ 1113), kann eine Hypothek jedenfalls für den ersten Gläubiger nicht entstehen, wenn er gar keine Forderung hat (§ 1163). Hier hat daher die Überlegung mit der Frage nach der Forderung zu beginnen und kann erst danach die Frage nach der Hypothek umfassen.

Als Grundsatz kann jedoch gelten: Die Prüfung der Rechtslage muß mit der dinglichen Rechtslage beginnen und kann erst danach die obligatorische Rechtslage erfassen.

Um alle in Betracht kommenden dinglichen Ansprüche prüfen zu können, muß man wissen, welche Ansprüche es gibt, welches ihre Voraussetzungen sind und welche Einwendungen dagegen möglich sind. Das wird bei der ersten Gruppe der behandelten Fälle, den vorwiegend dinglichen, näher auszuführen sein.

Nach Erledigung der etwa in Betracht kommenden dinglichen Ansprüche setzt die Prüfung der obligatorischen Rechtslage ein. Obligatorische Ansprüche können sich aus einem Rechtsgeschäft, und zwar ganz überwiegend aus einem zweiseitigen Rechtsgeschäft, einem Vertrage, ergeben oder unmittelbar aus dem Gesetz. Danach wird zwischen vertraglichen und gesetzlichen Ansprüchen unterschieden. Die wichtigsten gesetzlichen Ansprüche sind solche aus Geschäftsführung ohne Auftrag (§§ 677ff.), ungerechtfertigter Bereicherung (§§ 812ff.) und aus unerlaubter Handlung (§§ 823ff.). An diese drei Möglichkeiten ist immer zu denken, da sie infolge ihrer verhältnismäßig allgemein gefaßten Voraussetzungen häufig vorkommen. Andere gesetzliche Ansprüche, die einen mehr speziellen Tatbestand voraussetzen, wie z. B. solche aus den §§ 228, 231, 904 und ähnliche, bringen sich durch die Eigenart ihres Falles schon selbst in Erinnerung.

Die Beurteilung der oben erwähnten gesetzlichen Ansprüche setzt die Kenntnis etwaiger vertraglicher Beziehungen zwischen K. und B. voraus: Geschäftsführung ohne Auftrag kann nur vorliegen, wenn kein Auftrags-, Dienst- oder sonstiger Vertrag zwischen den Beteiligten besteht. Ein Anspruch aus § 812 verlangt, daß die zwischen den Beteiligten stattgefundene Vermögensverschiebung ohne rechtlichen Grund erfolgt ist. Rechtlicher Grund ist in der Mehrzahl der Fälle ein Vertragsverhältnis. Man muß also zur Beurteilung des § 812 wissen, ob ein Vertragsverhältnis zwischen den Parteien besteht. Ansprüche aus unerlaubter Handlung sind zwar grundsätzlich unabhängig von der Frage, ob ein Vertragsverhältnis zwischen den Beteiligten besteht; doch kann auch hier ein Vertragsverhältnis bedeutsam sein. Hat z. B. ein unentgeltlicher Verwahrer, der bei seinen eigenen Sachen nicht die verkehrserforderliche Sorgfalt (§ 276 II) beobachtet, die ihm zur Aufbewahrung gegebene fremde Sache leicht fahrlässig beschädigt oder verloren, so besteht gegen ihn kein vertraglicher Ersatzanspruch, weil er nur für Sorgfalt in eigenen Angelegenheiten haftet (§ 690). Nach dem Wortlaut des § 823 würde er aus unerlaubter Handlung gleichwohl haften. Dadurch würde § 690 sinnlos werden. Mit Recht ist daher fast allgemeine Auffassung, daß der unentgeltliche Verwahrer auch auf Grund der Bestimmungen über unerlaubte Handlungen nur im Rahmen des § 690 haftet. Die Frage, für welche Schuldgrade in den Fällen der §§ 823ff. gehaftet wird, kann also durch das Bestehen eines Vertragsverhältnisses beeinflußt werden.

Aus alledem folgt, daß im allgemeinen die Kenntnis der vertraglichen Beziehungen zwischen K. und B. Voraussetzung für die Beurteilung etwaiger gesetzlicher Ansprüche zwischen ihnen ist, daß also bei Prüfung der obligatorischen Ansprüche zuerst solche aus Vertrag und erst danach solche aus Gesetz erörtert werden müssen.

Nach dieser allgemeinen Einführung

1. Tatbestand klarmachen,
2. mit Frage beginnen,
3. überlegen, welche Voraussetzungen müssen erfüllt sein, damit die Frage bejaht oder verneint werden kann,
4. zuerst die dingliche, dann erst die obligatorische Rechtslage prüfen,
5. bei der obligatorischen Rechtslage zuerst etwaige vertragliche Ansprüche, dann erst solche aus Gesetz, §§ 677ff., 812ff., 823ff. untersuchen,

soll die logische Entwicklung bürgerlich-rechtlicher Fälle im einzelnen gezeigt werden. Dabei wird mit der für den Aufbau leichtesten Gruppe von Fällen begonnen, an die dann die schwereren Gruppen anschließen.

I. DIE GRUPPE DER DINGLICHEN ANSPRÜCHE

a) Die dinglichen Herausgabeansprüche

Hierher gehören die Ansprüche aus § 985, aus § 985 mit § 1065, aus § 985 mit § 1227, aus § 1007 und aus § 861.

1. § 985 „Der Eigentümer kann von dem Besitzer die Herausgabe der Sache verlangen“.

Voraussetzung des Herausgabeanspruches aus § 985 ist also, daß K. Eigentümer und B. Besitzer der herausverlangten Sache ist. Beides ist zu untersuchen. Die Reihenfolge ist gleichgültig, doch fängt man am besten mit der Voraussetzung an, die entweder nach dem Sachverhalt unzweifelhaft ist oder doch mit kurzen Worten geklärt werden kann, um dann in Ruhe die schwierigere Voraussetzung untersuchen zu können.

Im allgemeinen wird die Frage, ob B. Besitzer ist, schnell entschieden sein. Doch können natürlich auch hier schon Schwierigkeiten liegen. Ist beispielsweise ein an Y. adressierter Brief versehentlich in den Briefkasten des X. gelangt, so ist der Besitz des X. an dem Brief durchaus zweifelhaft. Es müßte u. a. die Frage erörtert werden, ob zum Besitzerwerb ein rein tatsächliches, von der Umwelt anerkanntes Gewaltverhältnis ausreicht oder ob ein Besitzerwerbswille erforderlich ist, bejahendenfalls eventuell, daß dieser Wille bei Anbringen eines Briefkastens, Stellen von Fallen durch den Jäger, von Reusen durch den Fischer usw. generell vorhanden sein kann, ferner ob bei Anbringen des Briefkastens der Besitzerwerbswille sich nur auf die Sachen bezieht, für die man den Kasten anbringt, also nur auf Briefschaften, nicht auf Steine, Unrat usw., und nur auf solche Briefschaften, die für den, der den Kasten angebracht hat und seine Hausgenossen bestimmt sind, nicht aber auf Briefschaften für den Nachbarn usw.

Wird der Besitz des B. verneint, so erübrigt sich eine Untersuchung darüber, ob K. Eigentümer der Sache ist; wird der Besitz bejaht, so muß diese Untersuchung angestellt werden. Ob K. Eigentümer ist, hängt davon ab, ob er 1. jemals Eigentum erworben hat, und bei Bejahung dieser Frage, ob er 2. das Eigentum nicht wieder verloren hat. Ergibt sich ohne weiteres aus dem Sachverhalt, daß K. mal Eigentümer war, so wird das nur festgestellt, und die Untersuchung beschränkt sich auf Punkt 2. Oft aber ist die erste Frage bereits zweifelhaft. Um den Eigentumserwerb des K. zu prüfen, geht man in Gedanken sämtliche Arten des Eigentumserwerbs an Sachen durch und prüft schriftlich diejenigen, die jeweils in Betracht kommen.

Eigentum an unbeweglichen Sachen wird grundsätzlich gemäß §§ 873, 925 durch Auflassung und Eintragung erworben. Auflassung ist die bei gleichzeitiger Anwesenheit beider Parteien vor dem Grundbuchamt oder Notar erklärte Einigung über den Eigentumsübergang am Grundstück. Zu prüfen ist also, ob diese Einigkeit bestand und ob sie bei gleichzeitiger Anwesenheit beider Parteien vor dem Grundbuchamt oder Notar erklärt wurde. Ist das der Fall, so ist weiter zu prüfen, ob die Eintragung des Erwerbers in das Grundbuch erfolgt ist. Da die Auflassung, oder nach manchen Schriftstellern die Auflassung und Eintragung, ein Vertrag ist, müssen weiter sämtliche Vorschriften über Willenserklärungen beachtet werden; so ist Geschäftsfähigkeit beider Parteien erforderlich, die Einigung darf nicht nach § 117 oder § 118 nichtig sein usw. Bei den §§ 873, 925 ist ferner vorausgesetzt, daß der Veräußerer tatsächlicher Eigentümer des Grundstücks ist; folglich muß auch das festgestellt werden. Ist der Veräußerer nicht Eigentümer des Grundstücks, so kann der Erwerber gleichwohl Eigentum erwerben, wenn die Voraussetzungen des § 185 oder die des § 892 vorliegen.

Da die Auflassung nur gleichzeitige, nicht aber persönliche Anwesenheit von Veräußerer und Erwerber verlangt, kann sie auch durch Vertreter erklärt werden. In diesem Falle muß weiter dargelegt werden, ob der Vertreter auch Vertretungsmacht hatte. Vertretungsmacht kann auf Gesetz oder auf Rechtsgeschäft beruhen. Im letzten Fall muß das Rechtsgeschäft der Bevollmächtigung gültig sein. Der Vollmachtgeber muß also z. B. auch wieder geschäftsfähig und darf nicht geschäftsunfähig sein, ebensowenig darf ein sonstiger Nichtigkeitsgrund vorliegen.

Eigentum an Grundstücken kann außer nach den §§ 873, 925 auch nach § 900 oder nach § 927 erworben werden, so daß gegebenenfalls auch diese Voraussetzungen überlegt werden müssen:

Beispiel 1:

Infolge Irrtums des Grundbuchrichters wird im Jahre 1905 der A. im Grundbuch als Eigentümer des dem B. gehörenden Grundstücks eingetragen, ohne daß B. etwas davon erfährt. B. bleibt auch im Besitz des Grundstücks. Als 1936 A. stirbt, verlangt sein Erbe E. von B. die Herausgabe des Grundstücks. Mit Recht?

E. verlangt von B. die Herausgabe des Grundstücks nur dann mit Recht, wenn er gegen ihn einen Herausgabeanspruch hat. In Betracht kommt der Anspruch aus § 985. Danach müßte E. Eigentümer und B. Besitzer des Grundstücks sein. Daß B. Besitzer ist, ergibt sich aus dem Sachverhalt. Es fragt sich also nur noch, ob E. Eigentümer ist. E. würde gemäß § 1922 I als Erbe des A. Eigentümer geworden sein, wenn A. vor seinem Tode Eigentümer war. Ein rechtsgeschäftlicher Eigentumserwerb des A. hat nicht stattgefunden, da keine Auflassung (§ 925) vorgenommen wurde. Auch nach § 900 hat A. kein Eigentum erworben, da er während der mindestens 30 Jahre, die er als Eigentümer des Grundstücks im Grundbuch eingetragen war, das Grundstück nicht im Eigenbesitz hatte. Besitzer des Grundstücks war vielmehr während der ganzen Zeit B. Aus diesem Grunde konnte A. nicht nach § 927 ein Ausschlußurteil gegen B. erwirken und auf diese Weise Eigentum erwerben. Da A. nicht Eigentümer war, ist auch sein Erbe nicht Eigentümer geworden und kann die Herausgabe des Grundstücks von B. aus Eigentum nicht verlangen. Ebensowenig besteht ein anderer Herausgabeanspruch.

Beispiel 2:

A. hat seine eingezäunte Pferdekoppel (Plannummer 88) an B. veräußert. Vorher hatten beide die Koppel genau besichtigt. Infolge Irrtums des A. über die katastermäßige Bezeichnung wurde im notariellen Vertrage Plannummer 88 und 89 angegeben, während Plannummer 89 in Wahrheit ein an die Koppel angrenzendes, dem A. gehöriges Waldstück betraf. Demgemäß wurde B. als Eigentümer von Plannummer 88 und 89 im Grundbuch eingetragen. Nach einiger Zeit entdeckt B. das und verlangt nun von A. Herausgabe des Waldstücks. Mit Recht?

Gemäß § 985 verlangt B. von A. das Waldstück dann mit Recht, wenn er, B., Eigentümer und A. Besitzer des Grundstücks ist. Besitz des A. ergibt sich aus dem Sachverhalt. Eigentum des B. ist zu untersuchen. Da B. im Grundbuch als Eigentümer des Waldstücks (Plannummer 89) eingetragen ist, spricht die

Vermutung des § 891 für sein Eigentum. Doch kann diese Vermutung widerlegt werden. Wie ist die wahre Rechtslage? Hat B. Eigentum am Waldstück erworben? Eigentum am Grundstück wird nach den §§ 873, 925 übertragen durch Einigung (die bei gleichzeitiger Anwesenheit vor dem Grundbuchamt oder Notar erklärt werden muß und Auflassung genannt wird) und Eintragung im Grundbuch. Die Einigung zwischen A. und B. bezog sich nur auf das Grundstück, dessen Verkauf zwischen ihnen besprochen war und das sie vor dem Notariatsakt beide genau zusammen besichtigt hatten, also nur auf die eingezäunte Koppel mit der Plannummer 88. Wenn die Parteien im notariellen Vertrage irrtümlich auch die Nummer 89 mit aufführten, so hatten sie beide doch in Wahrheit nicht den Willen, das in Wirklichkeit darunter zu verstehende Waldstück zu übertragen bzw. zu erwerben, da von dem Waldstück zwischen ihnen nicht gesprochen worden war und demgemäß keiner von beiden an dieses dachte. Sie waren also nur über den Eigentumsübergang bezüglich der Koppel einig, nicht über den Eigentumsübergang bezüglich des Waldstücks. Die falsche Bezeichnung des gemeinten Grundstücks im notariellen Vertrage kann die bezüglich des Waldstücks fehlende Einigung nicht ersetzen. B. hat somit an dem Waldstück kein Eigentum erworben und kann es von A. nicht herausverlangen.

An beweglichen Sachen wird Eigentum grundsätzlich nach den §§ 929-935 erworben. Danach ist Einigung und Übergabe erforderlich. Für die Einigung, die hier formlos möglich ist, gilt im übrigen das oben Gesagte. Die Übergabe kann durch tatsächliche Hingabe oder – wenn der Erwerber in der Lage ist, die Gewalt über die Sache auszuüben – gemäß § 854 II durch bloße Einigung erfolgen. Sie ist nach § 929 S. 2 nicht erforderlich, wenn der Erwerber bereits im Besitz der Sache ist, und sie kann nach § 930 durch Vereinbarung eines dem Erwerber den mittelbaren Besitz (§ 868) verschaffenden Rechtsverhältnisses sowie nach § 931 durch Abtretung des Herausgabeanspruchs ersetzt werden. In allen diesen Fällen ist wieder vorausgesetzt, daß der Veräußerer selbst Eigentümer ist. Ist er das nicht, so erlangt der Erwerber gleichwohl Eigentum, wenn entweder die Voraussetzungen des § 185 oder die der §§ 932 bis 935 vorliegen. Nach den letzten Bestimmungen muß der Erwerber immer gutgläubig sein, d. h. er muß den Veräußerer ohne grobe Fahrlässigkeit für den Eigentümer halten (§ 932 II) und die Sache darf – von Geld, Inhaberpapieren und im Wege öffentlicher Versteigerung veräußerten Sachen abgesehen – nicht abhanden gekommen sein. Abhanden gekommen ist eine Sache dann, wenn der unmittelbare Besitzer den Besitz ohne seinen Willen verloren hat, § 935 I. Diese Voraussetzungen – guter Glaube des Erwerbers und Nichtabhandengekommensein der Sache – genügen zum Ersatz des fehlenden Eigentums des Veräußerers jedoch nur dann, wenn die Übereignung nach § 929 S. 1, also durch Einigung und Übergabe erfolgt. Geschah sie nach § 929 S. 2, nach § 930 oder nach § 931, so müssen weiter die Voraussetzungen der §§ 932 I 2 bzw. 933 oder 934 erfüllt sein.

Handelt bei der Übereignung für einen Teil ein Vertreter, so muß auch dieser Vertretungsmacht haben, wofür auf die obigen Darlegungen verwiesen werden kann.

Beispiel 3:

A., der eine Reise antritt, gibt sein Rad einem Fahrradhändler in Verwahrung. Dieser veräußert es an den gutgläubigen B. Da aber B. ebenfalls auf Reisen geht, gibt auch er es in Verwahrung des Händlers, der es dem bald darauf zurückgekehrten A. wieder aushändigt. Kann B. das Rad von A. herausverlangen?

Gemäß § 985 dann, wenn er Eigentümer und A. Besitzer des Rades ist. Da sich der Besitz des A. aus dem Sachverhalt ergibt, ist nur festzustellen, ob B. Eigentümer ist. Dazu ist zu prüfen, ob B. Eigentum erworben und, bejahendenfalls, ob er es nicht wieder verloren hat. Er könnte Eigentum durch Übereignung seitens des Händlers erworben haben. Die Voraussetzungen nach § 929, Einigung und Übergabe, liegen vor. Der Händler war zwar nicht Eigentümer, aber B. hielt ihn ohne grobe Fahrlässigkeit dafür, und das Rad war nicht abhanden gekommen. Also hat B. nach den §§ 929, 932–935 Eigentum erworben.

Hat er es wieder verloren? Dann, wenn A. wieder Eigentum erworben hat. Er könnte es nur bei der Rückgabe des Rades durch den Händler an ihn erworben haben; doch fehlt bereits die Einigung über den Eigentumsübergang. Selbst wenn der Händler bei der Rückgabe des Rades an A. den Willen gehabt hätte, diesem das Eigentum daran zu übertragen, so hat er diesen Willen jedenfalls nicht erklärt, und auf alle Fälle hatte auch A. nicht den Willen, Eigentum zu erwerben. A. glaubte ja, das Rad sei noch sein Eigentum. B. ist also Eigentümer geblieben und kann das Rad von dem Besitzer A. herausverlangen.

Beispiel 4:

X. hat sich aus einer Mietbücherei ein Buch geholt. Sein Freund Y. glaubt irrtümlich, daß es sich um sein, ihm bei einem Einbruch gestohlenes Buch handle und sagt das dem X., der es daraufhin von Y. erwirbt. Kann die Bücherei das Buch aus Eigentum von X. herausverlangen?

Gemäß § 985 kann die Bücherei das Buch von X. herausverlangen, wenn dieser Besitzer des Buches und die Bücherei Eigentümer ist. Aus dem Sachverhalt er-

gibt sich, daß X. Besitzer ist und daß die Bücherei mal Eigentümer des Buches war. Es fragt sich, ob die Bücherei ihr Eigentum nicht dadurch verloren hat, daß X. durch den Erwerb des Buches von Y. Eigentum daran erlangt hat. Beide waren sich einig, daß X. Eigentum erwerben sollte. Eine Übergabe ist nicht erfolgt, sie war aber gemäß § 929 S. 2 auch nicht nötig, weil X. bereits Besitzer war. Der Veräußerer Y. war jedoch nicht Eigentümer des Buches. Infolgedessen darf das Buch nicht abhanden gekommen sein und X. muß gutgläubig gewesen sein, d.h. er muß den Y. ohne grobe Fahrlässigkeit für den Eigentümer des Buches gehalten haben. Die erste Voraussetzung ist erfüllt, die zweite wird möglicherweise auch angenommen werden können. Hinzukommen muß aber gemäß § 932 I S. 2, daß X. den Besitz am Buche vom Veräußerer Y. erlangt hätte. Daran fehlt es. X. hat den Besitz nicht vom Veräußerer Y., sondern von der Mietbücherei erlangt. Also hat X. kein Eigentum erworben, die Bücherei ist Eigentümer geblieben und kann das Buch aus Eigentum von X. herausverlangen.

Beispiel 5:

Als es noch keinen Kraftfahrzeugbrief gab und Autozulassungen leichter zu erwirken waren als heute, hatte V. ein Auto an M. vermietet und später an A. veräußert. A. verkaufte das Auto an M., der es gleich behalten sollte. Danach wurde das Auto von D. gestohlen und an den gutgläubigen X. veräußert. Von diesem verlangt M. das Auto heraus. Mit Recht?

Da X. Besitzer des Autos ist, verlangt M. das Auto gemäß § 985 dann mit Recht von ihm, wenn er, M., Eigentümer des Autos ist. Dazu müßte er Eigentum erworben und dürfte es nicht wieder verloren haben. Er hat Eigentum erworben durch die Veräußerung seitens des A. an ihn. Beide waren darüber einig, daß M. Eigentum erwerben sollte, und eine Übergabe war gemäß § 929 S. 2 nicht nötig, weil M. bereits Besitz am Auto hatte. Der Veräußerer A. war auch Eigentümer des Autos, denn er hatte das Eigentum von dem damaligen Eigentümer V. gemäß § 931 durch Einigung und Abtretung des Herausgabeanspruches des V. gegen M. erworben. M. könnte sein Eigentum nur dadurch verloren haben, daß X. Eigentum erworben hätte. D. hat das Auto an X. übergeben und beide waren darüber einig, daß X. Eigentum an ihm erwerben sollte. D. war jedoch nicht Eigentümer des Autos und X. konnte trotz seines guten Glaubens deswegen kein Eigentum erwerben, weil das Auto gestohlen, also abhanden gekommen war, § 935. M. kann also von X. Herausgabe des Autos gemäß § 985 verlangen.

Beispiel 6:

E. verkauft an Primus ein Kofferradio auf Abzahlung und übergibt es ihm unter Eigentumsvorbehalt. Primus verkauft es an Sekundus und übereignet es ihm, indem er es auf 4 Wochen leiht. Sekundus verkauft es an Tertius und übereignet es ihm durch Abtretung des Herausgabeanspruches gegen Primus. Da Primus die vereinbarten Raten nicht zahlt, erklärt E. dem Primus den Rücktritt vom Vertrage und verlangt das Radio von ihm heraus, wobei er sich nur auf Eigentum stützt.

Gemäß § 985 kann E. von dem Besitzer Primus das Radio dann herausverlangen, wenn er, E., Eigentümer des Radios ist. Da er ursprünglich Eigentümer war, fragt sich nur, ob er sein Eigentum nicht dadurch verloren hat, daß entweder Primus oder Sekundus oder Tertius Eigentum an dem Radioapparat erworben haben.

Primus hat deswegen kein Eigentum erworben, weil E. sich das Eigentum bis zur vollständigen Zahlung des Kaufpreises vorbehalten hat, was gemäß § 455 die Bedeutung einer Übereignung unter der aufschiebenden Bedingung der Zahlung hat, so daß das Eigentum gemäß § 158 I erst bei vollständiger Zahlung des Kaufpreises auf Primus übergehen würde.

Hat Sekundus Eigentum erworben? Einigung und Vereinbarung eines Besitzverhältnisses im Sinne des § 930 liegen vor, auch ist das Radio nicht abhanden gekommen und Sekundus in Ansehung des dem Primus fehlenden Eigentums offenbar gutgläubig. Aber gemäß § 933 erwirbt Sekundus noch kein Eigentum mit der Vereinbarung des Besitzverhältnisses, sondern erst dann, wenn ihm die Sache vom Veräußerer (Primus) übergeben wird und er zu dieser Zeit noch in gutem Glauben ist. An dieser Erlangung des unmittelbaren Besitzes des Sekundus fehlt es. Er hat daher auch kein Eigentum erworben.

Hat Tertius Eigentum erworben? In Betracht kommt ein Erwerb nach § 931 durch die nach dem Sachverhalt erfolgte Einigung und Abtretung des Herausgabeanspruches. Da Sekundus nicht Eigentümer war, müßten weiter die Voraussetzungen der §§ 932ff. erfüllt sein. Guter Glaube des Tertius kann angenommen werden. Ebenso ist der Apparat nicht abhanden gekommen. Nach § 934 erwirbt Tertius somit, wenn der Veräußerer (Sekundus) mittelbarer Besitzer ist, mit der Abtretung des Anspruches Eigentum, andernfalls erst dann, wenn er den Besitz der Sache von dem Dritten (Primus) erlangt und dabei noch gutgläubig ist. Da Tertius den Besitz von Primus noch nicht erlangt hat, kommt nur der erste Fall in Frage. Danach würde Tertius mit der Abtretung des Anspruchs gegen Primus dann Eigentum erworben haben, wenn Sekundus mittelbarer Besitzer des Apparates war, so daß Tertius durch diese Anspruchsabtretung gemäß § 870 diesen mittelbaren Besitz erworben hätte. War Sekundus mittelbarer Besitzer? Mittelbarer Besitzer ist nach § 868 der, dem gegenüber ein anderer auf Zeit zum Besitz berechtigt ist. Sekundus war also dann mittelbarer Besitzer, wenn Primus ihm gegenüber auf Zeit zum Besitz berechtigt war. Dieses Recht des Primus gegenüber dem Sekundus zum Besitz des Radioapparates könnte sich nur auf den von Primus mit Sekundus vereinbarten Leihvertrag stützen und besteht dann, wenn dieser Leihvertrag gültig ist. Der Leihvertrag ist zwar ordnungsmäßig abgeschlossen, doch ist er nur ein Teil des zwischen Primus und Sekundus vorgenommenen Übereignungsvertrages. Dieser aber ist – wie oben gezeigt – gemäß § 933 nichtig und damit ist gemäß § 139 auch der Leihvertrag nichtig. Infolge dieser Nichtigkeit des Leihvertrages ist Sekundus also nicht mittelbarer Besitzer und hat keinen Herausgabeanspruch aus Leihe gegen Primus. Er konnte deswegen diesen Anspruch auch nicht an Tertius abtreten und konnte diesem keinen mittelbaren Besitz übertragen, so daß auch Tertius kein Eigentum an dem Apparat erwarb.

E. kann daher aus § 985 von Primus die Herausgabe des Apparates verlangen. Die Einwendung aus § 986 kann Primus nicht geltend machen, da der Kaufvertrag, aus dem er ein Recht zum Besitz gegenüber dem E. als Verkäufer herleiten könnte, durch den von E. zulässigerweise (§ 455) erklärten Rücktritt gemäß § 346 vernichtet worden ist.

Beispiel 7:

Maler M. hat sein neues Bild zur Ausstellung gesandt. Auf ein sie hierzu bevollmächtigendes Telegramm hin veräußert die Ausstellungsleitung das Bild im Namen des M. an X. Später stellt sich heraus, daß das Telegramm nicht von M. stammte, sondern ein schlechter Scherz eines Dritten war. Kann M. das Bild von X. herausverlangen?

M. kann das Bild vom Besitzer X. dann herausverlangen, wenn er Eigentümer des Bildes ist (§ 985). Da M. mal Eigentümer war, fragt sich nur, ob er sein Eigentum dadurch verloren hat, daß X. Eigentum erworben hat. Die Ausstellungsleitung hat sich mit X. über den Eigentumsübergang geeinigt und ihm das Bild offenbar übergeben. Sie war nicht Eigentümerin und hat das Bild auch gar nicht im eigenen, sondern im Namen des Malers M. veräußert. Zur wirksamen Übereignung müßte sie daher von M. Vollmacht gehabt haben (§ 164 I S. 1). Daran fehlt es. M. hatte der Ausstellungsleitung keine Vollmacht gegeben und der Absender des Telegrammes konnte ihr Vollmacht zur Vertretung des M. nicht geben. Daß X. die mangelnde Vertretungsmacht der Ausstellungsleitung nicht kannte, sondern diese offenbar ohne grobe Fahrlässigkeit für vertretungsberechtigt hielt, ist bedeutungslos, da der gute Glaube an die mangelnde Vertretungsmacht grundsätzlich nicht geschützt wird. Die wenigen Ausnahmefälle (z.B. §§ 169–173 BGB. und § 366 HGB.) greifen hier nicht ein. X ist also nicht Eigentümer geworden, M. ist vielmehr Eigentümer geblieben und kann das Bild von X. herausverlangen.

Eigentum an beweglichen Sachen kann auch auf andere Weise erworben werden, so nach den §§ 937ff. durch Ersitzung, §§ 946ff. durch Verbindung, Vermischung, Verarbeitung, §§ 953ff. durch Trennung von Erzeugnissen und sonstigen Sachbestandteilen von der Muttersache, §§ 958ff. durch Aneignung usw., §§ 965ff. durch Fund, § 984 durch Schatzentdeckung. Weitere Möglichkeiten sind in den §§ 588 II S. 2 und 589 II S. 2, 1048 I S. 3 und 1048 II mit 588, 589 sowie in § 926 enthalten. Kommt eine der genannten Bestimmungen in Betracht, so sind wieder ihre gesetzlich festgelegten Voraussetzungen zu untersuchen. Beispielsweise setzt Eigentumserwerb nach § 926 voraus, daß eine Grundstücksübereignung nach § 925 stattgefunden hat, und daß die in Frage stehende bewegliche Sache Zubehör des Grundstücks, und zwar zur Zeit der Grundstücksübereignung ist, daß die Sache dem Grundstücksveräußerer gehört und daß Grundstücksveräußerer und -erwerber darüber einig sind, daß die Veräußerung sich auch auf das Zubehör erstrecken soll. Diese Einigkeit ist gemäß § 926 I S. 2 im Zweifel anzunehmen, so daß nähere Erörterungen darüber nur nötig sind, wenn der Sachverhalt auf einen abweichenden Willen schließen läßt. Das fehlende Eigentum des Grundstücksveräußerers an den Zubehörstücken kann gemäß § 926 II durch die Voraussetzung der §§ 932ff., also guter Glaube, Nichtabhandengekommensein, Besitzerwerb, ersetzt werden.

Beispiel 8:

Sylvester 1930 hat K. im Zustande sinnloser Trunkenheit seinen goldenen Siegelring der F. geschenkt. Diese hat ihn am 2. 1. 1931 an A. veräußert und A. hat ihn im Jahre 1940 an B. weiterveräußert. Bei B. entdeckt K. am 10. 1. 1941 den Ring und verlangt ihn heraus. Mit Recht?

Gemäß § 985 verlangt K. von dem Besitzer B. den Ring dann mit Recht, wenn K. sein Eigentümer ist. Ursprünglich war K.' Eigentümer des Ringes. Hat er sein Eigentum verloren? Durch die schenkweise Übereignung an die F. hat K. sein Eigentum nicht verloren, weil er sich dabei im Zustande sinnloser Trunkenheit, also einer Bewußtlosigkeit befand und Schenkung und Übereignung deswegen nach § 105 II nichtig waren. Hat er sein Eigentum bei Übereignung des Ringes durch die F. an A. verloren? Einigung und Übergabe liegen vor. Aber die F. war nicht Eigentümerin, so daß A. nur nach § 929 in Verbindung mit §§ 932ff. Eigentümer geworden sein könnte. Guter Glaube des A. kann angenommen werden. Es fragt sich, ob der Ring abhanden gekommen war. Abhanden gekommen ist eine Sache dann, wenn der unmittelbare Besitzer den Besitz ohne seinen Willen verloren hat. Unmittelbarer Besitzer war K. Er hat den Besitz dadurch verloren, daß er den Ring der F. gegeben hat. Da er hierbei im Zustande sinnloser Trunkenheit, also der Bewußtlosigkeit, also ohne jeden Willen handelte, hat er den Besitz ohne seinen Willen verloren, der Ring ist ihm abhanden gekommen und A. konnte nach §§ 929ff. kein Eigentum erwerben. Aus dem gleichen Grunde konnte B. bei Erwerb des Ringes von A. kein Eigentum erlangen. Hat B. Eigentum nach den §§ 937ff. durch Ersitzung erworben? Ersitzung ist nach §§ 937ff. Eigentumserwerb an beweglichen Sachen durch zehnjährigen gutgläubigen Eigenbesitz, oder genauer, der Eigenbesitzer muß bei dem Erwerb des Eigenbesitzes gutgläubig sein und darf später sein fehlendes Eigentum nicht positiv erfahren

(§ 937 II). B. ist Eigenbesitzer des Ringes, denn er hält sich für den Eigentümer, besitzt den Ring also als ihm gehörend (§ 872). Er war bei seinem Erwerb offenbar gutgläubig und hat sein mangelndes Recht frühestens am 10. 1. 1941 von K. erfahren. Zu dieser Zeit war jedoch die Ersitzung durch ihn bereits vollzogen. Zwar hatte B. den Besitz erst seit dem Jahre 1940, doch wird die zugunsten seines Rechtsvorgängers, also des A., verstrichene Ersitzungszeit gemäß § 943 dem B. zugerechnet. Auch A. war Eigenbesitzer, beim Besitzerwerb gutgläubig und hat sein fehlendes Recht später nicht erfahren. Er hat den Ring am 2. 1. 1931 erworben. Seit dieser Zeit lief also die Ersitzungszeit. B. hat demnach nach §§ 937, 943 am 2. 1. 1941 Eigentum am Ringe erworben und K. damit sein Eigentum verloren. K. kann den Ring nicht von B. aus § 985 herausverlangen.

Beispiel 9:

B. läßt sich von U. eine Villa bauen. U. hat die in die Villa eingebauten Fenster und Türen käuflich vom Händler H. erworben, dem sie von D. verkauft worden waren. D. hatte sie dem E. aus dessen Baumaterialiengeschäft entwendet. Durch Zufall erfährt E. den Verbleib seiner Türen und Fenster und verlangt sie von B. heraus. Mit Recht?

Gemäß § 985 verlangt E. Türen und Fenster von B. dann mit Recht heraus, wenn dieser ihr Besitzer und E. ihr Eigentümer ist. Da B. Besitzer der Villa ist, in die Türen und Fenster eingebaut sind, ist er auch Besitzer der Türen und Fenster. E. war nach dem Sachverhalt mal deren Eigentümer. Hat er sein Eigentum verloren? Da ihm Türen und Fenster entwendet wurden, er also den Besitz daran ohne seinen Willen verloren hat, sind beide ihm abhanden gekommen. Ein Eigentumserwerb nach §§ 929, 932 war somit gemäß § 935 nicht möglich. Es fragt sich daher nur, ob B. an Fenstern und Türen Eigentum nach § 946 erlangt hat. Danach erstreckt sich das Eigentum an einem Grundstück auf solche (früher beweglichen) Sachen, die mit dem Grundstück dergestalt verbunden werden, daß sie wesentliche Bestandteile des Grundstücks werden. Sind Türen und Fenster wesentlicher Bestandteil der Villa und damit des Grundstücks (die Villa ist nach § 94 I wesentlicher Bestandteil des Grundstücks) geworden? Nach § 93 sind wesentlicher Bestandteil solche Bestandteile einer Sache, die voneinander nicht getrennt werden können, ohne daß der eine oder der andere (Bestandteil!) zerstört oder in seinem Wesen verändert wird. Hiernach wären Türen und Fenster nicht wesentlicher Bestandteil eines Gebäudes, denn wenn beide aus dem Gebäude herausgenommen werden, bleibt das Gebäude gleichwohl Gebäude und Türen und Fenster behalten gleichfalls ihre Eigenschaft als solche. Weder Villa noch Türen und Fenster werden durch die Trennung zerstört oder in ihrem Wesen verändert. Gemäß § 94 II gehören aber zu den wesentlichen Bestandteilen eines Gebäudes auch die zur Herstellung des Gebäudes eingefügten Sachen. Das Gebäude ist zur Benutzung erst fertig, wenn Türen und Fenster eingefügt sind; beide sind daher „zur Herstellung des Gebäudes eingefügt" und damit nach § 94 II wesentlicher

Bestandteil der Villa. Da diese nach § 94 I wesentlicher Bestandteil des Grundstücks ist, sind also Türen und Fenster durch ihre Einfügung in die Villa gleichfalls wesentliche Bestandteile des Grundstücks geworden und damit gemäß § 946 in das Eigentum des B. gefallen. E. ist also nicht mehr Eigentümer der Türen und Fenster und kann sie nach § 985 nicht von B. herausverlangen.

Beispiel 10:

E. hat 1940 in einem Anfall von Geisteskrankheit sein Haus dem X. verkauft und aufgelassen. X. wurde auch im Grundbuch eingetragen. Als im März 1943 das Haus bei einem Fliegerangriff zusammenstürzte, fuhr der inzwischen gesundete E. die Ziegelsteine von der Trümmerstätte ab auf seinen Lagerplatz. X. verkaufte die Ziegelsteine an K. und übereignete sie ihm durch Abtretung des Herausgabeanspruchs gegen E. Von diesem verlangt K. die Steine.

Da E. jetzt Besitzer der Ziegelsteine ist, verlangt K. sie von ihm gemäß § 985 dann mit Recht heraus, wenn er Eigentümer ist. Er könnte es durch die Übereignung seitens des X. geworden sein, und zwar, da nach dem Sachverhalt Einigung und Anspruchsabtretung im Sinne des § 931 vorliegen, dann wenn X. Eigentümer der Steine war. Selbständiges Eigentum daran war erst möglich, als das Haus zusammenstürzte und damit die Steine selbständige bewegliche Sachen wurden. Bis dahin waren die Steine wesentliche Bestandteile des Hauses (§ 93) und damit des Grundstücks (§ 94 I) und eines selbständigen Eigentums unfähig. Mit der Trennung jedoch werden sie selbständige bewegliche Sachen, deren Eigentümer gemäß § 953 der Eigentümer der Hauptsache wird, soweit sich nicht aus den §§ 954–957 ein anderes ergibt. Eigentümer der Hauptsache, nämlich des Grundstücks, war nicht X., sondern E., da die Übereignung an X. infolge der Geisteskrankheit des E. nichtig war. Daher ist auch E. Eigentümer der Steine geworden, wenn nicht einer der §§ 954–957 eingreift. In Betracht kommt nur § 955, da X. das Grundstück im Eigenbesitz hatte. Er hatte das Grundstück käuflich erworben und besaß es daher „als ihm gehörend" im Sinne des § 872. Der Eigenbesitzer erwirbt nach § 955 Eigentum an den Erzeugnissen und sonstigen zu den Früchten der Sache gehörenden Bestandteilen (unbeschadet der Vorschriften der §§ 956, 957) mit der Trennung. Erzeugnis einer Sache ist all das, was die Sache aus sich selbst heraus hervorbringt, ohne ihre Substanz dadurch zu verändern. Die Steine fallen also nicht darunter. Sind sie „zu den Früchten der Sache gehörende Bestandteile"? Zu den Früchten gehört nach § 99 außer den Erzeugnissen „die sonstige Ausbeute, welche aus der Sache ihrer Bestimmung gemäß gewonnen wird". Die Steine gehören also auch nicht zu den Früchten. Demgemäß greift § 955 nicht ein, nicht X. ist Eigentümer der Steine geworden, sondern nach § 953 der E. K. könnte daher Eigentum nur unter den Voraussetzungen des § 934 erworben haben. Danach hätte er mit der Abtretung des Anspruchs nur dann Eigentum erworben, wenn X. mittelbarer Besitzer der Steine gewesen wäre. Mittelbarer Besitzer ist gemäß § 868 derjenige, dem gegenüber ein anderer auf Zeit zum Besitz berechtigt ist. Ein derartiges in § 868 bezeichnetes Rechtsver-

hältnis besteht in Ansehung der Steine zwischen X. und E. nicht. X. ist also nicht mittelbarer Besitzer. Im zweiten Fall des § 934 aber müßte K. schon unmittelbaren Besitz erlangt haben. Das ist auch nicht der Fall, K. ist also nicht Eigentümer der Steine geworden und kann sie nicht nach § 985 herausverlangen.

Auch der Fall des § 952 soll erwähnt werden. Danach müßte bei Klage aus § 985 auf Herausgabe eines Schuldscheines usw. geprüft werden, ob K. Gläubiger der Forderung ist, über die der Schuldschein ausgestellt wurde; ist er das, so ist er auch Eigentümer des Schuldscheines.

Beispiel 11:

G. hat seine Forderung gegen S. zuerst dem A., danach dem B. abgetreten und dem B. auch den von S. ausgestellten Schuldschein übergeben. Als A. das erfährt, verlangt er von B. Herausgabe des Schuldscheines. Mit Recht?

Gemäß § 985 verlangt A. vom Besitzer des Schuldscheines B. dessen Herausgabe dann mit Recht, wenn A. Eigentümer des Schuldscheines ist. Eigentümer eines Schuldscheines ist gemäß § 952 der Gläubiger der Forderung, über die der Schuldschein ausgestellt ist. Ist A. Gläubiger geworden? Der ursprüngliche Gläubiger G. hat die Forderung an A. übertragen, wozu gemäß § 398 formlose Einigung über den Forderungsübergang genügt. Also ist A. Gläubiger geworden. Er hat seine Gläubigerstellung auch nicht wieder verloren. Denn B. hat durch die zweite Abtretung des G. die Forderung nicht erworben, da G. die Forderung damals nicht mehr hatte und es einen gutgläubigen Forderungserwerb – von besonderen hier nicht in Betracht kommenden Ausnahmefällen abgesehen – nicht gibt. A. ist also Gläubiger der Forderung geblieben, damit nach § 952 auch Eigentümer des Schuldscheines; er verlangt ihn somit nach § 985 mit Recht von B. heraus.

Einen besonderen Fall des Eigentumserwerbes an beweglichen Sachen endlich regeln die §§ 1242 und 1244. In beiden Fällen handelt es sich um den Erwerb einer verpfändeten Sache. Nach § 1242 erlangt der Erwerber durch die rechtmäßige Veräußerung des Pfandes die gleichen Rechte, wie wenn er die Sache vom Eigentümer erworben hätte. Wenn er die Sache vom Eigentümer erworben hätte, hätte er Eigentum erlangt, also hat er gemäß § 1242 gleichfalls Eigentum erlangt, wenn die Voraussetzungen des § 1242, nämlich „rechtmäßige Veräußerung des Pfandes“ vorliegen. Um über das Eigentum des Erwerbers zu entscheiden, muß also geprüft werden, 1. ob ein Pfandrecht an der fraglichen Sache bestand, und 2. ob die Veräußerung rechtmäßig war. Bei der Frage des Pfandrechts ist wieder zu überlegen, einmal ob ein solches bestand und ferner, ob es nicht vor der Veräußerung schon wieder erloschen war. Im einzelnen kann auf die Darlegungen weiter unten unter 2. (§ 985 mit § 1227) verwiesen werden. Die Veräußerung des Pfandes war gemäß § 1243 I rechtmäßig, wenn bei ihr die Vorschriften des § 1228 II (Verkauf nicht vor Pfandreife, nämlich Fälligkeit der Forderung und evtl. Übergang der Forderung in eine Geldforderung), des § 1230 S. 2 (bei mehreren Pfandsachen nicht mehr verkaufen, als zur Befriedigung erforderlich ist), des § 1235 (Verkauf im Wege öffentlicher Versteigerung), des § 1237 S. 1 (öffentliche Bekanntmachung von Zeit und Ort der Versteigerung unter allgemeiner Bezeichnung des Pfandes) und des § 1240 (Gold- und Silbersachen nicht unter Metallwert) erfüllt sind.

Bestand entweder zur Zeit der Veräußerung gar kein Pfandrecht oder fehlte auch nur eine der genannten Rechtmäßigkeitsvoraussetzungen, dann hat der Erwerber nach § 1242 kein Eigentum erworben. In Betracht kommt dann lediglich noch ein Eigentumserwerb nach § 1244. Danach müssen wiederum zwei Voraussetzungen erfüllt sein, nämlich es muß die Veräußerung entweder nach § 1233 I (d. h. auf Grund eines vollstreckbaren Titels nach den Vorschriften der ZPO.) oder nach § 1235 (im Wege der öffentlichen Versteigerung) oder nach § 1240 II (Gold- und Silbersachen im freihändigen Verkauf durch eine zur öffentlichen Versteigerung befugte Person nicht unter dem Metallwert und nachdem bei einer versuchten Versteigerung kein genügendes Gebot abgegeben wurde) vorgenommen werden, und es müssen die Voraussetzungen der §§ 932–934 vorliegen, d. h. insbesondere muß der Erwerber in Ansehung des etwa fehlenden Pfandrechts sowie der etwa fehlenden Rechtmäßigkeitsvoraussetzungen gutgläubig sein.

Beispiel 12:

S. hat bei G. ein Darlehn von 1000 DM aufgenommen und ihm dafür eine Uhr und einen Ring verpfändet. Bei Fälligkeit kann S. nur 400 DM zurückzahlen. Wegen der restlichen 600 DM und der entstehenden Kosten von 100 DM bringt daher G. Uhr und Ring unter Beachtung der gesetzlichen Vorschriften zur öffentlichen Versteigerung. Zunächst wird die Uhr für 750 DM versteigert, sodann der Ring mit 350 DM. Beide werden von X. erworben. Dieser verliert sie. Kann er seinen Herausgabeanspruch gegen den Finder auf Eigentum stützen?

Da der Finder Besitzer der Sachen ist, fragt sich für einen Herausgabeanspruch des X. aus Eigentum (§ 985) gegen ihn, ob X. Eigentum erworben hat. In Betracht kommt ein Eigentumserwerb nach § 1242. Danach hat X. dann Eigentum erworben, wenn ein Pfandrecht an den Sachen bestand und die Veräußerung rechtmäßig war. Ein Pfandrecht war an Uhr und Ring gemäß § 1205 entstanden, da G. gegen S. eine Forderung hatte, der Eigentümer S. dem G. Uhr und Ring übergeben hat und beide darüber einig waren, daß G. ein Pfandrecht erwerben sollte. Rechtmäßig war die Veräußerung gemäß § 1243 dann, wenn bei der Veräußerung nicht gegen die Vorschriften des § 1228 II, § 1230 S. 2, des § 1235, des § 1237 S. 1 oder des § 1240 verstoßen ist. Nach § 1228 II darf die Pfandsache erst verkauft werden, sobald die Forderung ganz oder teilweise fällig ist und in einer Geldforderung besteht. Das ist der Fall. Nach § 1230 S. 2 dürfen nur soviel Pfänder zum Verkauf gebracht werden, als zur Befriedigung des Gläubigers erforderlich ist. Deshalb durfte die Uhr verkauft werden, aber nicht der Ring, denn der Erlös der Uhr mit 750 DM deckte bereits die Forderung des G. in Höhe von 600 DM und 100 DM Kosten = zusammen 700 DM. Gegen die übrigen genannten Bestimmungen ist nicht verstoßen, da nach dem Sachverhalt der Verkauf von Uhr und Ring in öffentlicher Versteigerung erfolgte (§ 1235), Zeit und Ort der Versteigerung offenbar auch unter allgemeiner Bezeichnung des Pfandes bekannt gemacht worden (§ 1237) und, soweit es sich um Gold- oder Silbersachen handelt, offenbar der Metallwert erreicht war (§ 1240). Bezüglich der Uhr liegen somit die Voraussetzungen eines Eigentumserwerbes nach § 1242 (Pfandrecht und Rechtmäßigkeit der Veräußerung) vor, an ihr hat X. somit Eigentum erworben. Bezüglich des Ringes kommt ein Eigentumserwerb nach § 1244 in Betracht. Danach ist erforderlich, daß die Veräußerung entweder nach § 1233 II (nach Erwirkung eines vollstreckbaren Titels Verwertung nach den Vorschriften der ZPO.) oder nach § 1235 (im Wege öffentlicher Versteigerung) erfolgte oder daß die Vorschriften des § 1240 II (Metallklausel) beachtet sind und X. bezüglich der fehlenden Rechtmäßigkeitsvoraussetzung, nämlich Verstoß gegen § 1230 S. 2 (Verkauf zu vieler Pfänder) gutgläubig ist. Da die Veräußerung des Ringes im Wege öffentlicher Versteigerung erfolgte und X. offenbar ohne grobe Fahrlässigkeit nicht wußte, daß durch den Erlös der Uhr die Forderung des G. bereits gedeckt war, hat er also am Ringe Eigentum nach § 1244 erworben. Somit kann er seinen Herausgabeanspruch bezüglich Uhr und Ring auf § 985 stützen.

Bei Veräußerung einer Sache als Pfand ist endlich auch an die Möglichkeit eines Eigentumserwerbes durch Surrogation nach § 1247 S. 2 zu denken. Nach § 1247 S. 1 gilt die Forderung (zu deren Sicherung das Pfandrecht bestellt war) als von dem Eigentümer (der Pfandsache) berichtigt, „soweit der Erlös aus dem Pfand dem (die Pfandverwertung betreibenden) Pfandgläubiger zu seiner Befriedigung gebührt". Gemäß § 1247 S. 2 „tritt im übrigen der Erlös an die Stelle des Pfandes". Wenn der Erlös an die Stelle des Pfandes treten soll, dann bedeutet das eine dingliche Surrogation dergestalt, daß der frühere Eigentümer der Pfandsache Eigentümer des Erlöses wird und etwaige dingliche Rechte an der Pfandsache nunmehr am Erlös bestehen. Vorausgesetzt ist dabei natürlich, daß der Erwerber – sei es nach § 1242, sei es nach § 1244 – Eigentum an der veräußerten Sache erworben hat und, im Falle der beschränkten dinglichen Rechte an der Pfandsache, daß diese untergegangen sind. Diese dingliche Surrogation tritt aber nur insofern ein, als der Erlös dem Gläubiger nicht zu seiner Befriedigung gebührt. Der Erlös gebührt dem Gläubiger überhaupt nicht zu seiner Befriedigung, einmal, wenn er entweder gar kein Pfandrecht hatte, und weiter dann, wenn die Veräußerung nicht rechtmäßig war, also dann, wenn auch nur eine der im § 1243 angeführten Rechtmäßigkeitsvoraussetzungen fehlt. Der Erlös gebührt dem Gläubiger teilweise nicht zu seiner Befriedigung, wenn entweder im Range vorgehende Pfandgläubiger vorhanden sind oder wenn der Erlös die Forderung des Gläubigers übersteigt. In den beiden ersten Fällen tritt also in Ansehung des ganzen Erlöses die dingliche Surrogation des § 1247 S. 2 ein, in den beiden anderen Fällen nur insoweit, als der Erlös entweder den im Range vorgehenden Gläubigern gebührt, bzw. insoweit, als der Erlös die Forderung des Gläubigers übersteigt.

Ist nach alledem festgestellt, daß K. mal Eigentum erworben hat, so muß weiter überlegt werden, ob er es nicht wieder verloren hat. Eigentumsverlust an Grundstücken ist nach § 928 durch Verzicht gegenüber dem Grundbuchamt und Eintragung dieses Verzichtes in das Grundbuch, Eigentumsverlust an beweglichen Sachen durch Dereliktion nach § 959 möglich. Außerdem kann K. das Eigentum dadurch verlieren, daß ein anderer das Eigentum erwirbt. Für diesen Erwerb eines anderen kommen wieder sämtliche oben für den Erwerb des K. dargelegten Bestimmungen in Betracht.

Ist Eigentum des K. und Besitz des B. und damit der Anspruch aus § 985 nachgewiesen, so fragt sich dann, ob B. Einwendungen gegen den Anspruch vorbringen kann:

Gemäß § 986 kann B. die Herausgabe trotz Vorliegens des § 985 verweigern, wenn entweder er selbst oder, falls er sein Besitzrecht von einem mittelbaren Besitzer ableitet, dieser dem Eigentümer gegenüber zum Besitz berechtigt ist. Ein Recht zum Besitz kann auf Grund eines Sachenrechtes, z. B. Nießbrauch, Pfandrecht, oder auf Grund eines obligatorischen Rechtes, z. B. Kauf, Miete, Leihe usw. bestehen. Ja, es kann möglicherweise auch aus dem Familienrecht (z. B. § 1373) oder Erbrecht (z. B. § 2205) herrühren.

Das Sachenrecht als absolutes, gegen jedermann wirkendes Recht, wirkt damit auch gegen den Eigentümer. Ein obligatorisches Recht zum Besitz dagegen interessiert in § 986 nur dann, wenn es sich gerade gegen den Eigentümer richtet, der Eigentümer also der Verkäufer, Vermieter, Verleiher usw. ist.

Gemäß § 1000 kann B. ferner die Herausgabe verweigern, bis er wegen der ihm zu ersetzenden Verwendungen befriedigt wird, doch besteht dieses Zurückbehaltungsrecht nicht, wenn er die Sache durch eine vorsätzlich begangene unerlaubte Handlung erlangt hat. Gegebenenfalls muß also untersucht werden, ob B. nach den §§ 994 bis 996, 998 und 999 Verwendungen ersetzt verlangen kann.

Endlich könnten auch andere Ansprüche des B. gegen K. dem B. unter den Voraussetzungen des § 273 ein Zurückbehaltungsrecht geben.

Damit wäre dann die Erörterung eines Anspruches aus § 985 abgeschlossen.

Beispiel 13:

Juwelier J. läßt durch einen Angestellten einem angeblichen Kunden in dessen Hotel verschiedene Schmuckstücke zur Ansicht vorlegen. Entgegen der ihm erteilten Weisung händigt der Angestellte dem K. auf dessen dringende Bitte ein Schmuckstück aus. K. verpfändet dieses dem P. und verschwindet. J. verlangt das Schmuckstück von P. heraus.

Da P. Besitzer und J. Eigentümer des Schmuckstückes ist, kann J. von P. das Stück gemäß § 985 herausverlangen, wenn nicht P. die Herausgabe nach § 986 verweigern kann. Er kann es dann, wenn er dem J. gegenüber zum Besitze berechtigt ist. Als Recht zum Besitz kommt lediglich ein Pfandrecht des P. in Betracht, das er durch die Verpfändung seitens des K. erworben haben könnte. Einigung und Übergabe (§ 1205) liegen vor, doch war K. nicht Eigentümer der verpfändeten Sache. Gemäß § 1207 in Verbindung mit §§ 932ff. hat daher P.

ein Pfandrecht nur dann erworben, wenn er den K. ohne grobe Fahrlässigkeit für den Eigentümer hielt und die Sache nicht abhanden gekommen ist. Guter Glaube des P. kann angenommen werden. Ist das Schmuckstück abhanden gekommen? Abhanden gekommen ist eine Sache dann, wenn der unmittelbare Besitzer den Besitz ohne seinen Willen verloren hat. Als der Angestellte dem K. das Schmuckstück übergab, geschah das mit dem Willen des Angestellten, jedoch gegen, also ohne den Willen des Juweliers. Es fragt sich daher, ob der Angestellte Besitzer war, da dann die Sache nicht abhanden gekommen ist, wogegen bei Besitz des Juweliers die Sache abhanden gekommen ist. Besitzer einer Sache ist grundsätzlich gemäß § 854 derjenige, der die tatsächliche Gewalt über eine Sache ausübt. Dieser Grundsatz ist im § 855 dahin eingeschränkt, daß derjenige, der die tatsächliche Gewalt über eine Sache für einen anderen in dessen Haushalt oder Erwerbsgeschäft oder in einem ähnlichen Verhältnis ausübt, vermöge dessen er den sich auf die Sache beziehenden Weisungen des anderen Folge zu leisten hat, nicht Besitzer, sondern nur sogenannter Besitzdiener ist; Besitzer ist in diesem Fall derjenige, dessen Weisungen er Folge zu leisten hat. Der Angestellte übt die tatsächliche Gewalt über das Schmuckstück, auch während er dieses im Hotel dem K. vorlegt, nur auf Grund seines Angestelltenverhältnisses aus, kraft dessen er auch jetzt den Weisungen des Juweliers Folge leisten muß. Er ist daher nur Besitzdiener, Besitzer ist J. Dieser hat also dadurch, daß der Angestellte weisungswidrig das Schmuckstück dem K. aushändigt, den Besitz daran ohne seinen Willen verloren, also ist die Sache abhanden gekommen, also hat P. kein Pfandrecht erworben, also kann er die Herausgabe nicht verweigern, sondern muß das Schmuckstück dem Juwelier herausgeben.

Beispiel 14:

S. hat von G. ein Darlehn aufgenommen und ihm dafür seine goldene Uhr verpfändet. Als nach einiger Zeit S. die Uhr für drei Tage dringend braucht, bittet er den G., ihm die Uhr solange zu überlassen. G. ist dazu bereit, erklärt aber ausdrücklich, S. müsse ihm die Uhr nach drei Tagen unaufgefordert zurückgeben und das Pfandrecht dürfe nicht erlöschen. S. ist damit einverstanden, erhält die Uhr und gibt sie nach drei Tagen wieder zurück. Danach erzählt S. die Angelegenheit einem Freunde, der Jura studiert, wird von diesem über die Rechtslage belehrt und verlangt die Uhr von G. heraus. Mit Recht?

Da G. Besitzer und S. Eigentümer der Uhr ist, liegen die Voraussetzungen des § 985 vor. Es fragt sich, ob G. die Herausgabe nach § 986 verweigern kann. Er kann es dann, wenn er dem S. gegenüber zum Besitze berechtigt ist. Als Recht zum Besitz kommt zunächst ein Pfandrecht des G. in Betracht. Ein solches ist ursprünglich entstanden, da S. dem G. laut Sachverhalt für dessen Forderung die Uhr verpfändet hat. Durch die Rückgabe der Uhr seitens des G. an S. ist jedoch das Pfandrecht gemäß § 1253 I S. 1 erloschen. Die Vereinbarung des Fortbestandes des Pfandrechts bei der Überlassung der Uhr durch G. an S. auf drei Tage ist gemäß § 1253 I S. 2 unwirksam. G. hat auch, als S. ihm die

Uhr wieder zurückgab, kein neues Pfandrecht erworben, denn dazu wäre außer der vorliegenden Übergabe eine Einigung zwischen S. und G. über die Entstehung des Pfandrechts erforderlich (§ 1205). S. wollte jedoch bei der Rückgabe kein Pfandrecht bestellen und G. wollte auch jetzt kein Pfandrecht erwerben, da ja beide der Auffassung waren, das alte Pfandrecht bestünde noch. G. hat also kein Pfandrecht. Es fragt sich weiter, ob er dem S. gegenüber sonst zum Besitze der Uhr berechtigt ist. Gedacht werden könnte lediglich an eine Verpflichtung des S., dem G. ein neues Pfandrecht zu bestellen, da dann der G. dem S. gegenüber bereits berechtigt wäre, den Besitz der Sache zu behalten. Eine Verpflichtung des S. zur Neubestellung eines Pfandrechtes ist ausdrücklich nicht vereinbart worden. Gemäß § 140 kann aber ein nichtiges Rechtsgeschäft in ein anderes konvertiert werden, wenn dessen Voraussetzungen in dem nichtigen Geschäft enthalten sind und anzunehmen ist, daß dessen Geltung bei Kenntnis der Nichtigkeit gewollt sein würde. So liegt es hier. Wenn S. und G. vereinbarten, daß S. nach drei Tagen die Uhr zurückgeben und G. auch dann noch ein Pfandrecht an der Uhr haben solle, dann kann darin der Wille der Parteien, S. solle dem G. zumindest ein neues Pfandrecht bestellen, gefunden werden; hätten G. und S. gewußt, daß die Vereinbarung des Fortbestandes des Pfandrechtes nichtig ist, dann hätten sie zumindest eine derartige Verpflichtung zur Neubestellung des Pfandrechtes vereinbart. Auf Grund des § 140 kann also eine Verpflichtung des S. zur Neubestellung des Pfandrechtes angenommen werden, auf Grund deren der G. dem S. die Herausgabe der Uhr verweigern und statt dessen sogar die Bestellung des Pfandrechtes verlangen kann.

Beispiel 15:

V. hat auf Grund eines privatschriftlichen Vorvertrages, durch den er sich zum Verkauf seines Grundstücks an K. verpflichtet, dem K. das Grundstück bereits übergeben, verlangt es dann jedoch wieder heraus. Muß K. es zurückgeben?

Da K. Besitzer und V. Eigentümer des Grundstückes ist, muß K. das Grundstück nach § 985 herausgeben, wenn er nicht die Herausgabe nach § 986 verweigern kann. Dazu wäre nötig, daß K. dem V. gegenüber zum Besitz des Grundstücks berechtigt ist. Wäre bereits ein Kaufvertrag zwischen V. und K. geschlossen, so könnte K. nach § 433 Übergabe des Grundstücks von V. verlangen, wäre also dem V. gegenüber zum Besitz berechtigt und könnte die Herausgabe verweigern. Nach dem Sachverhalt ist noch kein Kaufvertrag, sondern erst ein Vorvertrag geschlossen worden, durch den V. sich zum Abschluß eines Kaufvertrages mit K. verpflichtet hat. Ob auf Grund eines derartigen Vorvertrages bereits ein Recht zum Besitz besteht, kann zweifelhaft sein und wird von dem genauen Inhalt des Vorvertrages abhängen. Hier braucht nicht näher darauf eingegangen zu werden, weil auf alle Fälle ein gültiger Vorvertrag erforderlich wäre, der zwischen V. und K. geschlossene Vorvertrag jedoch wegen Formmangels nach § 125 nichtig ist. Ein Kaufvertrag über ein Grundstück bedarf gemäß § 313 gerichtlicher oder notarieller Beurkundung. Die Frage, ob auch ein Vorvertrag der Form des Hauptvertrages bedarf, hängt davon ab, welchen Zweck die Formvorschrift für den Hauptvertrag verfolgt. In § 313 ist der Zweck vor allem darin zu finden, daß Grundstückseigentümer vor übereilten Verkäufen geschützt werden sollen. Dieser Zweck kann nur durch die Notwendigkeit einer gerichtlichen oder notariellen Beurkundung einigermaßen erreicht werden. Wäre ein Vorvertrag über den Verkauf eines Grundstücks formlos gültig, dann würde der Zweck der Formvorschrift des § 313 nicht erreicht werden, denn aus dem Vorvertrag würde ja ein gültiger Anspruch auf Abschluß eines endgültigen Kaufvertrages entspringen. Der Verkäufer wäre also durch den Vorvertrag gebunden, und der Zweck des Gesetzes, Schutz vor Übereilung, würde nicht erreicht. Im Falle des § 313 ist daher die Form des Hauptvertrages auch schon für den Vorvertrag erforderlich. Da diese Form hier nicht erfüllt ist, besteht kein gültiger Vorvertrag, also auch kein Recht daraus, also ist K. dem V. gegenüber nicht zum Besitze des Grundstücks berechtigt und muß es herausgeben.

2. § 985 mit § 1065 und § 985 mit § 1227.

Gemäß § 1065 finden auf die Ansprüche des Nießbrauchers und gemäß § 1227 auf die Ansprüche des Pfandgläubigers die für die Ansprüche aus dem Eigentum geltenden Vorschriften entsprechende Anwendung. Der Nießbraucher ist gemäß § 1036, der Pfandgläubiger, wie aus den §§ 1205 und 1206 sich ergibt, zum Besitz der Sache berechtigt. Ist der Nießbraucher oder Pfandgläubiger nicht im Besitz der Sache, dann kann er somit gemäß §§ 1065, 985 bzw. gemäß §§ 1227, 985 vom Besitzer die Herausgabe der Sache verlangen. Für diese beiden dinglichen Herausgabeansprüche gilt sinngemäß alles das, was oben über den Herausgabeanspruch des Eigentümers gesagt ist, nur daß eben bei §§ 1065, 985 an die Stelle des Eigentums des K. sein Nießbrauch und bei §§ 1227, 985 sein Pfandrecht tritt.

Wenn sich Besitz des B. und Nießbrauch bzw. Pfandrecht des K. aus dem Sachverhalt ergeben, braucht nur noch untersucht zu werden, ob B. nach § 986 oder aus anderen Gründen die Herausgabe verweigern kann. Nach § 986 wäre jetzt natürlich nötig, daß B. dem K., also dem Nießbraucher bzw. Pfandgläubiger gegenüber zum Besitz berechtigt ist. Ist Besitz des B. nicht unzweifelhaft, dann muß er ebenso geprüft werden wie Nießbrauch oder Pfandrecht des K., wenn diese zweifelhaft sind. Für letztes wäre wieder zu überlegen, 1. hat K. einen Nießbrauch bzw. ein Pfandrecht erworben, und 2. hat er es nicht wieder verloren. Nießbrauch an unbeweglichen Sachen kommt gemäß § 873 durch Einigung und Eintragung oder gemäß § 900 im Wege der Tabularersitzung oder auch gemäß § 1075 im Wege der Surrogation zur Entstehung. Nießbrauch an beweglichen Sachen fordert zu seiner Entstehung gemäß § 1032 Einigung und Übergabe oder Übergabesurrogat sowie Eigentum des Nießbrauchbestellers. Auch hier kann das fehlende Eigentum des Bestellers durch die Voraussetzungen des § 185 oder gemäß § 1032 I in Verbindung mit §§ 932ff. dadurch ersetzt werden, daß der Nießbraucherwerber den Nießbrauchbesteller ohne grobe Fahrlässigkeit für den Eigentümer hält, die Sache nicht abhanden gekommen ist und bei Bestellung durch bloße Einigung der Erwerber den Besitz der Sache vom Besteller erlangt hat, sowie bei Bestellung nach § 930 die Voraussetzungen des § 933 und bei Bestellung nach § 931 die Voraussetzungen des § 934 vorliegen. Gemäß § 1033 kann der Nießbrauch an einer beweglichen Sache auch durch Ersitzung entsprechend den Vorschriften der §§ 937ff. erworben werden und gemäß § 1075 auch im Wege der Surrogation. Der Nießbrauch erlischt durch Aufgabe seitens des Nießbrauchers (bei Nießbrauch an Grundstücken § 875, bei Nießbrauch an beweglichen Sachen § 1064), ferner mit dem Tode des Nießbrauchers gemäß § 1061, und der Nießbrauch an einer beweglichen Sache auch dadurch, daß er mit dem Eigentum in derselben Person zusammentrifft, § 1063; war der Nießbrauch auf bestimmte Zeit bestellt, so erlischt er mit Ablauf dieser Zeit. Er kann ferner bei Übertragung des Eigentums erlöschen, wenn bei dem Erwerb die Voraussetzungen für einen lastenfreien Eigentumserwerb kraft guten Glaubens vorliegen. Der Nießbrauch am Grundstück müßte also zur Zeit dieses Erwerbs fälschlich im Grundbuch gelöscht, es dürfte gegen diese Löschung kein Widerspruch im Grundbuch eingetragen gewesen sein und der Erwerber dürfte auch nicht gewußt haben, daß der Nießbrauch bestand, § 892. Bei dem Erwerb des Eigentums an einer beweglichen Sache würde ein Nießbrauch an dieser Sache gemäß § 936 erlöschen, wenn der Erwerber in Ansehung des Nichtbestehens dieses Nießbrauchs gutgläubig ist und die Sache dem Nießbraucher nicht abhanden gekommen ist; erfolgte die Übereignung nicht nach § 929 S. 1 durch Einigung und Übergabe, sondern nach § 929 S. 2, nach § 930 oder nach § 931, so müssen weiter die Voraussetzungen des § 936 I S. 2 bzw. S. 3 erfüllt sein; bei Übereignung nach § 931 würde endlich § 936 III zu beachten sein.

Ein Verlust des Nießbrauchs dadurch, daß ein anderer ihn durch Übertragung vom Nießbraucher erwirbt, ist deswegen nicht möglich, weil der Nießbrauch unübertragbar ist, § 1059. Sollte der Eigentümer einen zweiten Nießbrauch bestellen, so würde dadurch der erste Nießbrauch nicht untergehen. Er würde vielmehr allenfalls dem neuen Nießbrauch im Range nachgehen, und zwar bei unbeweglichen Sachen unter den Voraussetzungen des § 892 und bei beweglichen Sachen gemäß § 1032 S. 3 unter den Voraussetzungen des § 936.

Das Pfandrecht verlangt zu seiner Entstehung entsprechend seinem Begriff (Recht zur Sicherung einer Forderung, § 1204) vor allem eine Forderung, doch genügt auch eine künftige oder eine bedingte Forderung, § 1204 II (und zwar ist auch in diesem Falle für den Rang des Pfandrechtes die Zeit der Bestellung und nicht etwa der Zeitpunkt der unbedingten oder unbefristeten Entstehung der Forderung maßgebend, § 1209). Die Bestellung erfolgt dann gemäß § 1205 durch Einigung und Übergabe bzw. durch bloße Einigung, wenn der Gläubiger bereits im Besitz der Sache ist. Eine Verpfändung entsprechend § 930, also durch constitutum possessorium, ist nicht möglich (weswegen die Praxis in diesem Falle eine Sicherungsübereignung vornimmt). Die Verpfändung durch Abtretung eines Herausgabeanspruches im Sinne des § 931 ist gemäß § 1205 II nur dann möglich, wenn der Verpfänder mittelbarer Besitzer ist und verlangt dann außer der Abtretung des Herausgabeanspruches, wodurch gemäß § 870 der mittelbare Besitz auf den Pfandgläubiger übertragen wird, auch noch die Anzeige der Verpfändung durch den Verpfänder an den unmittelbaren Besitzer. Wieder ist bei § 1205 vorausgesetzt, daß der Verpfänder Eigentümer der Sache ist, so daß auch das festgestellt werden muß. Fehlendes Eigentum des Verpfänders kann – abgesehen von den Fällen des § 185 – gemäß § 1207 in Verbindung mit §§ 932, 934, 935 durch das Vorliegen der in den genannten Paragraphen erwähnten Voraussetzungen ersetzt werden. Auch ein Pfandrecht kann endlich im Wege der Surrogation entstehen gemäß § 1287.

K. kann sein Pfandrecht einmal dadurch verlieren, daß er seine Forderung, für deren Sicherung das Pfandrecht bestellt war, auf einen anderen überträgt, denn gemäß § 1250 geht mit der Übertragung der Forderung das Pfandrecht auf den neuen Gläubiger über (§ 401, der bereits die gleiche Rechtsfolge anordnet, ist dispositiver Natur). Wird bei Übertragung der Forderung der Übergang des Pfandrechtes ausgeschlossen, dann geht das Pfandrecht gemäß § 1250 II unter. Auch bei gesetzlichem Forderungsübergang (beispielsweise §§ 1249, 268 III, 412, 401) geht das Pfandrecht mit auf den neuen Gläubiger über. Das Pfandrecht erlischt – abgesehen vom erwähnten Fall des § 1250 II – gemäß § 1252 mit dem Erlöschen der Forderung, ferner gemäß § 1253 dadurch, daß der Pfandgläubiger das Pfand dem Verpfänder oder dem Eigentümer zurückgibt, ferner gemäß § 1255 durch rechtsgeschäftliche Aufgabe und gemäß § 1256 durch Zusammentreffen mit dem Eigentum in derselben Person. Das Pfandrecht erlischt endlich bei der Pfandveräußerung, und zwar gemäß § 1242 bei rechtmäßiger Veräußerung der Pfandsache und gemäß § 1244 in Verbindung mit § 936 bei unrechtmäßiger Veräußerung der Pfandsache, wenn wenigstens die Veräußerung entweder nach § 1233 II erfolgt ist oder die Vorschriften des § 1235 oder des § 1240 II beachtet worden sind und der Erwerber in Ansehung der fehlenden Rechtmäßigkeitsvoraussetzungen gutgläubig ist. Endlich erlischt das Pfandrecht bei einem rechtsgeschäftlichen Eigentumserwerb an der belasteten Sache, wenn die Voraussetzungen des § 936 dafür vorliegen.

Außer dem oben behandelten (nach der Art seiner Entstehung) sogenannten vertraglichen oder rechtsgeschäftlichen Pfandrecht gibt es noch das in der ZPO. behandelte Pfändungspfandrecht, das jedoch für unsere Untersuchung überhaupt nicht interessiert, weil dort nicht der Pfandgläubiger den unmittelbaren Besitz erhält, sondern der Gerichtsvollzieher und das gesetzliche Pfandrecht (im BGB. §§ 559, 647, 704), das jedoch hier auch wenig bedeutsam wird.

Beispiel 16:

E. hat einen schönen Vorrat guter Weine, die in einem etwas außerhalb der Stadt gelegenen, in die Erde eingegrabenen und mit schwerer Eisentür gesicherten Weinkeller ruhen. Als E. im Kriege die Stadt verläßt, übergibt er den einzigen zu dem Keller vorhandenen Schlüssel einem Freunde F. mit der Bitte, die Weine während seiner Abwesenheit in Obhut zu nehmen. F. verspricht das. Als er nach einiger Zeit in Geldverlegenheit gerät, nimmt er bei G. ein Darlehn auf und verpfändet ihm dafür die Weine, indem er ihm den Schlüssel zum Keller übergibt. G. hält dabei den F. für den Eigentümer der Weine. F. hatte sich vorher heimlich einen zweiten Schlüssel anfertigen lassen und verkaufte die Weine nach der Verpfändung an G. an den X., dem er den zweiten Schlüssel zum Weinkeller übergibt. X. hat einen Posten Weine aus dem Keller in seine Wohnung geschafft. Als G. das erfährt, verlangt er von X. die Herausgabe dieser Weine.

Da X. Besitzer der fraglichen Weine ist, kann G. gemäß §§ 1227, 985 von ihm die Herausgabe dieser Weine verlangen, wenn er ein Pfandrecht daran hat. Dazu müßte er 1. ein Pfandrecht erworben und dürfte es 2. nicht wieder verloren haben. Ein Pfandrecht wird gemäß § 1205 durch Einigung und Übergabe seitens des Eigentümers bestellt. Ist der Besteller nicht Eigentümer, so kommt das Pfandrecht gemäß §§ 1207, 932ff. trotzdem zur Entstehung, wenn der Pfandrechtserwerber den Besteller ohne grobe Fahrlässigkeit für den Eigentümer hält und die Pfandsache nicht abhanden gekommen ist. Diese Voraussetzungen liegen hier vor. F. und G. waren über die Entstehung eines Pfandrechtes einig, und F. hat dem G. die Weine übergeben, d.h. er hat ihm durch Übergabe des Schlüssels zu dem Weinkeller den unmittelbaren Besitz daran übertragen. F. war zwar nicht Eigentümer der Weine, aber G. hielt ihn ohne grobe Fahrlässigkeit dafür und die Weine waren nicht abhanden gekommen, denn der unmittelbare Besitzer E. hatte den Besitz nicht ohne seinen Willen verloren, sondern ihn selbst durch Übergabe des Schlüssels zum Weinkeller dem F. übertragen. Hat G. das Pfandrecht verloren? Nach dem Sachverhalt könnte er es nur dadurch verloren haben, daß X. das Eigentum an dem Wein erwarb, womit das Pfandrecht gemäß § 936 unterging. Zum Eigentumserwerb ist Einigung und Übergabe erforderlich. Die Einigung über einen Eigentumsübergang liegt zwischen F. und X. vor, denn beide waren sich darüber einig, daß das Eigentum auf X. übergehen sollte. Hat auch die erforderliche Übergabe stattgefunden? Dies könnte nur der Fall sein, wenn F. zu der Zeit, als er dem X. den nachgemachten Schlüssel zum Weinkeller übergab – nur diese Übergabehandlung kommt hier in Betracht – noch im Besitz des Weines gewesen ist. Das war er aber zu dieser Zeit nicht mehr, denn er hatte den Besitz schon mit der Übergabe des ersten Schlüssels an F. verloren. Daß er dem X. einen zweiten Schlüssel übergab, ist bedeutungslos, denn auch durch Schlüsselübergabe kann nur derjenige Besitz übertragen, der ihn selbst hat. X. hat also infolge fehlender Übergabe (auch ein Surrogat kommt nicht in Betracht) kein Eigentum erworben. Folglich ist das Pfandrecht des G. nicht erloschen und er kann die Herausgabe des Weines gemäß §§ 1227, 985 verlangen.

3. § 1007 (nur bei beweglichen Sachen!).

§ 1007 gibt dem früheren tatsächlich berechtigten oder wenigstens gutgläubigen Besitzer einer beweglichen Sache einen Herausgabeanspruch gegen deren gegenwärtigen Besitzer, wenn entweder der gegenwärtige Besitzer bei seinem Besitzerwerb bösgläubig war (§ 1007 I) oder dem früheren Besitzer die Sache abhanden gekommen ist (§ 1007 II).

Um über einen Herausgabeanspruch aus § 1007 I entscheiden zu können, muß somit geprüft werden, ob jetzt B. und vor ihm K. Besitzer war, ferner ob K., als er den Besitz erwarb, dazu berechtigt war oder sich wenigstens ohne grobe Fahrlässigkeit für dazu berechtigt hielt, und ob B. bei seinem Besitzerwerb entweder wußte, daß er dazu nicht berechtigt war oder wenigstens sein Nichtwissen hierum auf grober Fahrlässigkeit beruht. Für den auf § 1007 II zu stützenden Herausgabeanspruch gelten dieselben Voraussetzungen, nur daß an die Stelle der Bösgläubigkeit des B. bei seinem Besitzerwerb die Tatsache tritt, daß dem K. die Sache abhanden gekommen ist. Liegen die Voraussetzungen des Absatzes I oder des Absatzes II vor, dann ist weiter zu prüfen, ob der Anspruch nicht nach Absatz III ausgeschlossen ist. Nach dem Wortlaut des Absatzes III ist das der Fall, wenn 1. K. bei seinem Besitzerwerb bösgläubig war, 2. K. den Besitz aufgegeben hat und 3. B. entweder dem K. gegenüber zum Besitz berechtigt ist (§ 986) oder wegen eines Gegenanspruches ein Zurückbehaltungsrecht geltend machen kann. Den ersten Fall haben wir bereits in positiver Form (K. war zum Besitz berechtigt oder hielt sich ohne grobe Fahrlässigkeit für dazu berechtigt) als Voraussetzung beider Ansprüche aufgenommen, so daß jetzt nur noch die beiden anderen Möglichkeiten eines Ausschlusses des Anspruches zu untersuchen wären. Wird der Anspruch auf § 1007 II gestützt, also darauf, daß dem K. die Sache abhanden gekommen ist, dann ist der Anspruch ferner noch ausgeschlossen, wenn entweder B. Eigentümer der Sache ist oder dem B. die Sache schon vor der Besitzzeit des K. abhanden gekommen ist.

§ 1007, der einen Anspruch aus Besitz auf Besitz enthält, ist praktisch vor allem von Bedeutung in den Fällen, in denen ein anderer

Herausgabeanspruch nicht besteht und trotzdem ein Interesse an einem derartigen Anspruch anzuerkennen ist. Hat beispielsweise ein Mieter, Leiher oder Verwahrer die gemietete, geliehene oder in Verwahrung genommene Sache verloren, so hat er ein berechtigtes Interesse daran, auch seinerseits die Sache vom Finder herauszuverlangen, um seiner Rückgabepflicht genügen zu können. Der Anspruch aus § 985 steht ihm nicht zu, weil er nicht Eigentümer ist, und ein anderer Anspruch kommt für ihn nicht in Frage. Hier bleibt nur § 1007, auf Grund dessen er lediglich kraft seines früheren Besitzes die verlorene Sache vom Finder herausverlangen kann. § 1007 ist ferner dann praktisch von Bedeutung, wenn die Voraussetzungen anderer Ansprüche, wie etwa desjenigen aus § 985, nicht bewiesen werden können.

Beispiel 17:

A. hat dem B. einen Schirm geliehen, aber nicht zurückerhalten. B. behauptet, er habe ihn irgendwo stehen gelassen. Nach einiger Zeit entdeckt A. den Schirm in der Ecke eines Restaurants und nimmt ihn erfreut an sich. In Wirklichkeit hatte B. den Schirm an den gutgläubigen C. veräußert, C. ihn an D. verliehen und D. ihn im Restaurant stehen lassen. Kann C. von A. Herausgabe des Schirmes verlangen?

1. C. kann von dem Besitzer A. den Schirm gemäß § 985 herausverlangen, wenn er, C., Eigentümer des Schirmes ist. B. hat ihm den Schirm durch Einigung und Übergabe übereignet. B. war zwar nicht Eigentümer des Schirmes, wohl aber hielt C. ihn ohne grobe Fahrlässigkeit dafür, und der Schirm war nicht abhanden gekommen. Also hat C. Eigentum erworben. Er hat dieses Eigentum nach dem Sachverhalt auch nicht wieder verloren, so daß er den Anspruch aus § 985 hat.

2. C. kann den Schirm von A. auch auf Grund des § 1007 herausverlangen. Dazu müßte C. früherer Besitzer sein und zum Besitz entweder tatsächlich berechtigt gewesen sein oder sich doch ohne grobe Fahrlässigkeit für dazu berechtigt gehalten haben. Diese Voraussetzungen liegen – wie unter 1. bereits gezeigt – vor. Weiterhin müßte entweder A. beim Besitzerwerb bösgläubig gewesen sein (§ 1007 I) oder der Schirm müßte dem C. abhanden gekommen sein. Bösgläubig war A. nicht, als er den Schirm im Restaurant an sich nahm. Da er den Schirm dem B. geliehen und dieser ihm erklärt hatte, er habe den Schirm irgendwo stehen lassen, konnte A. ohne grobe Fahrlässigkeit annehmen, daß der Schirm dort von B. zurückgelassen sei, und daß er, A., als Eigentümer ihn daher jetzt wieder an sich nehmen könne. Wohl aber war dem C. der Schirm abhanden gekommen. Als D. den Schirm versehentlich im Restaurant stehen ließ, kam ihm und damit auch dem mittelbaren Besitzer C. (vgl. § 935 I S. 2) der Schirm abhanden.

Ein Grund, der den Anspruch ausschlösse, liegt weder nach Absatz II noch nach Absatz III vor. A. ist jetzt nicht mehr Eigentümer des Schirmes, und der Schirm ist ihm auch nicht abhanden gekommen. Ebensowenig war C. – wie bereits oben gezeigt – bei seinem Besitzerwerb bösgläubig, und endlich hat C. den Besitz auch nicht aufgegeben. Er hat vielmehr nur den unmittelbaren Besitz dem D. überlassen, der dann den Besitz unfreiwillig verloren hat.

C. kann somit von A. die Herausgabe des Schirmes auch nach § 1007 II verlangen.

4. § 861.

§ 861 ist der Anspruch des früheren Besitzers, der den Besitz durch verbotene Eigenmacht verloren hat, gegen den gegenwärtigen fehlerhaften Besitzer auf Wiedereinräumung des Besitzes. K. muß also früherer Besitzer sein und den Besitz durch verbotene Eigenmacht (§ 858) verloren haben, B. muß jetzt Besitz haben, und zwar fehlerhaften Besitz. Das letzte ist der Fall, wenn er selbst die verbotene Eigenmacht gegen K. begangen hat, ferner wenn er Erbe des Täters ist, und endlich, wenn er – im Fall der Sondernachfolge in den Besitz des Täters – bei seinem Besitzerwerb die Fehlerhaftigkeit des Besitzes seines Vorgängers kannte (§ 858 II). Liegen diese Voraussetzungen vor, dann ist weiter zu untersuchen, ob der Anspruch nicht nach § 861 II oder nach § 864 I oder II ausgeschlossen bzw. erloschen ist. Nach § 861 II ist der Anspruch ausgeschlossen, wenn K.s früherer Besitz dem B. oder dessen Rechtsvorgänger gegenüber fehlerhaft war und im letzten Jahr vor der Entziehung erlangt war (weil in diesem Fall B. nach Herausgabe der Sache an K. ja seinerseits auf Grund des § 861 von B. die Wiedereinräumung des Besitzes verlangen könnte!). Nach § 864 I und II erlischt der Anspruch aus § 861 I mit dem Ablauf eines Jahres nach Verübung der verbotenen Eigenmacht bzw. wenn nach Verübung der verbotenen Eigenmacht durch rechtskräftiges Urteil festgestellt wird, daß dem Täter ein Recht an der Sache zusteht, vermöge dessen er die Herstellung eines seiner Handlungsweise entsprechenden Besitzstandes verlangen kann. Bei § 861 sind die eben erwähnten Gründe eines Ausschlusses bzw. Unterganges des Anspruches die einzigen Einwendungen, die zu untersuchen sind.

Alle sonstigen Einwendungen, wie Recht zum Besitz usw., sind bei diesem Anspruch ausgeschlossen (§ 863), weil er lediglich der Erhaltung des Rechtsfriedens dient und nur eine vorläufige Besitzregelung geschaffen werden soll.

Beispiel 18:

D. hat am 1. 5. 1945 seinem Freunde E. dessen Taschenuhr entwendet. Als E. am 5. 5. 1946 den D. besucht, sieht er die Uhr auf dessen Schreibtisch liegen und nimmt sie heimlich an sich. D. erfährt das jedoch und verlangt von E. die Uhr.

D. kann die Uhr von E. nicht aus § 985 herausverlangen, weil er nicht Eigentümer der Uhr ist und nicht aus § 1007, weil er selbst bei seinem Besitzerwerb bösgläubig war (§ 1007 III S. 1).

Dagegen kommt für D. ein Anspruch aus § 861 auf Wiedereinräumung des Besitzes in Betracht: D. war am 5. 5. 1946 Besitzer der Uhr und E. hat ihm an diesem Tage den Besitz ohne seinen (des D.) Willen entzogen, also gemäß § 858 I verbotene Eigenmacht begangen, wenn nicht das Gesetz ihm die Entziehung gestattet. Als derartige Gestattung kommt nicht etwa sein Eigentumsrecht und damit sein Anspruch aus § 985 gegen D. auf Herausgabe der Uhr in Betracht. Diesen Anspruch durfte E. – wie alle Ansprüche, die vom Schuldner nicht freiwillig erfüllt werden – nur durch Klage und anschließende Zwangsvollstreckung geltend machen. Um den Begriff der verbotenen Eigenmacht auszuschließen, mußte E. vielmehr ein Recht zur eigenen Wegnahme, also zum eigenmächtigen Handeln ohne Anrufen des Gerichts und gegen den Willen des D. haben. Ein derartiges Recht könnte nur auf § 229 gestützt werden. Danach ist E. zu seinem Vorgehen als einer berechtigten Selbsthilfehandlung befugt, wenn er 1. einen Anspruch gegen D. hat, 2. obrigkeitliche Hilfe nicht rechtzeitig zu erlangen ist und 3. ohne sofortiges Eingreifen die Gefahr besteht, daß die Verwirklichung des Anspruchs vereitelt oder wesentlich erschwert werde. Ein Anspruch des E. gegen D. auf Herausgabe der Uhr besteht gemäß § 985, doch hätte E. obrigkeitliche Hilfe anrufen können, indem er eine einstweilige Verfügung gegen den Dieb D. erwirkte und daraufhin die Uhr pfänden ließ. Da nach dem Sachverhalt D. die Uhr schon ein Jahr besaß und offenbar nicht bemerkt hatte, daß E. seinen Diebstahl nunmehr entdeckt hatte, bestand wohl keine Gefahr, daß die Uhr binnen der kurzen Zeit bis zur Vollstreckung einer einstweiligen Verfügung noch verschwand. E. hatte also kein Recht zu eigenmächtigem Handeln, sein Tun war verbotene Eigenmacht. Damit sind die Voraussetzungen des Anspruchs des D. aus § 861 auf Wiedereinräumung des Besitzes erfüllt.

Der Anspruch ist auch nicht etwa nach § 861 II ausgeschlossen. Zwar ist D. selbst dem E. gegenüber fehlerhafter Besitzer, doch hat er den Besitz nicht im letzten Jahr vor der Tat des E., sondern schon vier Tage früher erlangt. Auch sein Eigentum kann E. gegenüber dem Anspruch des D. aus § 861 gemäß § 863 nicht geltend machen. Er könnte das gemäß § 864 II erst dann, wenn er über sein Eigentum ein rechtskräftiges Urteil gegen D. erwirkt hätte.

Beispiel 19

Hausbesitzer H. vermietet an M. die im ersten Stockwerk seines Hauses gelegene Wohnung. Als M. seine Stellung verliert, richtet er in der Wohnung ein Immobilienbüro ein und macht an der zur Straße gelegenen Außenwand seiner Wohnung zwischen Fenster und Fußbodenhöhe ein entsprechendes Reklameschild an. Als H. das bemerkt, entfernt er das Schild. Gegenüber dem Widerspruch des M. beruft er sich darauf, daß die Räume nur zu Wohn- und nicht zu Geschäftszwecken vermietet seien. M. klagt gegen H. auf Wiederanbringung des Schildes.

In Betracht kommt ein Anspruch aus § 861. Danach kann der Besitzer, dem der Besitz durch verbotene Eigenmacht entzogen wurde, von dem fehlerhaften Besitzer die Wiedereinräumung des Besitzes verlangen.

M. hatte laut Sachverhalt die von ihm gemietete Wohnung bezogen, war also deren Besitzer. Wenn er an der Außenseite seiner Wohnung ein Schild anbrachte, so hatte er auch an diesem Schilde Besitz. Als H. das Schild abmachte, entzog er dem M. diesen Besitz. Dazu war er nicht berechtigt, er handelte also widerrechtlich und beging gegen M. verbotene Eigenmacht.

(Für die Frage der verbotenen Eigenmacht kommt es nicht darauf an, ob M. auf Grund des Mietvertrages berechtigt war, ein derartiges Schild an der Außenwand seiner Wohnung anzubringen, sondern lediglich darauf, ob M. Besitzer des Schildes war und H. ein Recht hatte, selbsttätig, ohne Gerichtsentscheidung und ohne Inanspruchnahme eines staatlichen Vollstreckungsorganes in diesen Besitz einzugreifen bzw. dem M. dessen Besitz zu entziehen. Auch wenn M. nach dem Mietvertrage zur Schildanbringung nicht berechtigt war, und H. demgemäß aus dem Mietvertrage von M. die Entfernung des Schildes verlangen konnte, durfte H. doch nicht das Schild selbsttätig entfernen und dadurch in den Besitz des M. eingreifen. Er hätte vielmehr den M. auf Entfernung verklagen müssen.)

Da somit M. früherer Besitzer des Schildes ist, dem der Besitz durch verbotene Eigenmacht entzogen wurde, und da H. als jetziger Besitzer die verbotene Eigenmacht selbst begangen hat, also fehlerhafter Besitzer ist, kann M. von H. Wiedereinräumung des Besitzes, d.h. Wiederanbringung des Schildes an der alten Stelle verlangen.

Lediglich wenn es dem H. gelänge, vor der Entscheidung über den von M. gegen ihn angestrengten Prozeß aus § 861 eine rechtskräftige Gerichtsentscheidung darüber zu erlangen, daß M. auf Grund des Mietvertrages nicht zur Schildanbringung berechtigt ist, würde der Anspruch des M. aus § 861 gemäß § 864 II erlöschen und M. mit seiner Klage abgewiesen werden müssen.

Beispiel 20:

A. hat auf offenem Platz Holz zu lagern. Er verkauft es und überweist es an B., tags darauf aber ebenso an C., der es in gutem Glauben fortfahren läßt. Kann B. von C. das Holz herausverlangen?

1. Aus § 985 dann, wenn B. Eigentümer und C. Besitzer des Holzes ist. Besitz des C. ergibt sich aus dem Tatbestand. Eigentum am Holz hat B. durch Übereignung seitens des A. nach § 929 I durch Einigung und Übergabe erworben. Offenbar waren A. und B. bei der „Überweisung" darüber einig, daß das Eigentum an dem Holz von A. auf B. übergehen solle. Übergabe ist Übertragung des unmittelbaren Besitzes. Sie kann gemäß § 854 II durch bloße Einigung erfolgen, wenn der Erwerber in der Lage ist, die Gewalt über die Sache auszuüben. Da das Holz auf offenem Platz lagerte, bestand diese Möglichkeit für B., so daß er durch die Überweisung, d.h. durch das Einverständnis zwischen A. und B. darüber, daß B. ab sofort statt des A. die tatsächliche Gewalt über die Sache haben solle, den Besitz und damit dann auch das Eigentum am Holz erwarb.

B. hat das Eigentum auch nicht etwa dadurch wieder verloren, daß A. am nächsten Tage das Holz in gleicher Weise an C. verkaufte und „überwies". C. hat hier deswegen kein Eigentum erworben, weil es an der zur Übereignung nach § 929 I erforderlichen Übergabe mangelt und auch kein Übergabesurrogat vorliegt. Eine Übergabe, d.h. Besitzübertragung nach Maßgabe des § 854 II kann naturgemäß nur der vornehmen, der tatsächlich den Besitz hat. Das war ursprünglich A., er hatte den Besitz aber schon an B. übertragen, war also bei der Abmachung mit C. nicht mehr Besitzer, so daß er dem C. auch keinen Besitz und damit (§ 929 S. 1) auch kein Eigentum übertragen konnte.

B. hat also gegen C. den Anspruch aus § 985.

2. Aus § 1007 dann, wenn B. früherer berechtigter oder wenigstens gutgläubiger Besitzer und C. gegenwärtiger Besitzer ist, und wenn entweder C. bei seinem Besitzerwerb bösgläubig war oder das Holz dem B. abhanden gekommen ist. Früherer Besitz des B. und jetziger Besitz des C. ergibt sich aus den Darlegungen oben unter 1. C. war bei seinem Besitzerwerb (nicht durch Überweisung seitens des A. – siehe oben –, sondern durch tatsächliche Inbesitznahme, indem er das Holz fortfahren ließ, also in seine tatsächliche Verfügungsgewalt brachte, § 854 I) nicht bösgläubig, da er sich auf Grund der Abmachung mit A. ohne grobe Fahrlässigkeit für den Eigentümer und damit für zum Besitz berechtigt hielt. Aber dadurch, daß C. das Holz fortfahren ließ, also eigenen Besitz begründete, entzog er dem tatsächlichen Besitzer B. den Besitz, und zwar, da dieser nichts davon wußte und nicht damit einverstanden war, ohne dessen Willen, so daß dem B. das Holz abhanden gekommen ist und er es von C. aus § 1007 II zurückverlangen kann. Einwendungen dagegen bestehen weder nach § 1007 II noch nach Absatz III.

3. Aus § 861 kann B. von C. Wiedereinräumung des Besitzes am Holz verlangen, wenn B. früherer Besitzer ist und den Besitz durch verbotene Eigenmacht verloren hat (beide Voraussetzungen liegen vor, wie bereits dargelegt) und wenn C. fehlerhafter Besitzer ist. Fehlerhafter Besitz ist gemäß § 858 II derjenige Besitz, der durch verbotene Eigenmacht erlangt wurde. Da C. – wie unter 2 dargelegt – dem B. dessen Besitz ohne dessen Willen entzogen hat (ein Verschulden ist nicht erforderlich), hat C. verbotene Eigenmacht begangen, ist somit fehlerhafter Besitzer und muß dem B. gemäß § 861 den Besitz wieder einräumen.

b) Die dinglichen Abholungsansprüche

Hierher gehören die Ansprüche aus § 867 und aus § 1005 in Verbindung mit § 867.

Beide Ansprüche richten sich gegen den Besitzer (nicht Eigentümer) eines Grundstücks (oder – vom Gesetz nicht ausdrücklich erwähnt – einer Räumlichkeit), auf dem sich eine Sache befindet, die vom Grundstücksbesitzer noch nicht in Besitz genommen ist. In § 867 muß K. früherer Besitzer sein, aus dessen Besitz die Sache auf das im Besitz des B. befindliche Grundstück gelangt ist, und in § 1005 in Verbindung mit § 867 muß K. Eigentümer der Sache sein. Der Anspruch geht auf Gestattung der Aufsuchung und Wegschaffung der Sache. Hat B. die Sache inzwischen bereits in Besitz genommen, so bestehen die Ansprüche nicht mehr. An ihre Stelle treten dann die Ansprüche auf Herausgabe aus § 1007 bzw. aus § 985.

B. hat einen Gegenanspruch auf Ersatz des durch die Aufsuchung und Wegschaffung etwa entstandenen Schadens und kann – wenn mit der Entstehung eines derartigen Schadens zu rechnen ist – die Gestattung bis zur Sicherheitsleistung für den Schadensersatz verweigern; doch ist die Verweigerung unzulässig, wenn mit dem Aufschub Gefahr verbunden ist.

Beispiel 21:

K. hält sich einige Hühner. Als eines Tages die Tür zum Auslauf offen bleibt, laufen die Hühner aus der Umzäunung und in den Garten des Nachbarn B. Dort halten sie sich in einer abseits gelegenen Ecke, die reichlich mit Würmern und Käfern gesegnet ist, auf und bleiben auch über Nacht dort. K. will wissen, ob B. ihm die Hühner herausgeben muß oder ob er sie sich holen kann.

Ein Anspruch des K. gegen B. auf Herausgabe der Hühner käme aus § 985 und aus § 1007 in Betracht. Für § 985 müßte K. Eigentümer und für § 1007 müßte er früherer Besitzer der Hühner sein. Beides trifft nach dem Sachverhalt zu. Für beide Ansprüche wäre aber nötig, daß B. Besitzer der Hühner ist, was nach dem Sachverhalt nicht anzunehmen ist. Der Besitz einer Sache wird gemäß § 854 I durch die Erlangung der tatsächlichen Gewalt über eine Sache erworben. Aus § 867 S. 1 dürfte sich – ganz ohne Rücksicht darauf, ob man mit der wohl überwiegenden Auffassung einen Besitzerwerbswillen verlangt oder nicht – ergeben, daß B. lediglich dadurch, daß die Hühner auf das in seinem Besitz befindliche Grundstück gelangten, noch nicht Besitz an den Hühnern erwirbt. Von irgendeiner auf Besitzerwerb abzielenden Handlung des B. aber ist im Sachverhalt keine Rede. Da B. also nicht Besitzer der Hühner ist, kann K. deren Herausgabe von ihm weder nach § 985 noch nach § 1007 verlangen. Ebensowenig kommt ein anderer Herausgabeanspruch in Betracht. Dagegen ist K. berechtigt, von B. zu verlangen, daß dieser ihm die Aufsuchung und Wegschaffung der Hühner gestattet. Dieser Anspruch des K. ist sowohl gemäß § 867 S. 1 gegeben, weil die Hühner aus der Gewalt des K. auf das im Besitz des B. befindliche Grundstück gelangt sind, wie auch aus § 1005 in Verbindung mit § 867, weil K. Eigentümer der Hühner ist. Beiden Ansprüchen gegenüber hat B. das Recht, Ersatz des durch die Aufsuchung und Wegschaffung der Hühner etwa entstehenden Schadens (z. B. an Gartenfrüchten) zu verlangen.

c) Die Ansprüche auf Beseitigung einer Störung bzw. auf Unterlassung weiterer Störungen aus § 1004 und aus § 1004 mit § 1027 oder mit § 1065 oder mit § 1027, § 1090 oder mit § 1227, sowie der Anspruch aus § 862.

Alle diese Ansprüche haben zur gemeinsamen Voraussetzung, daß K. (bei § 1004 der Eigentümer, bei § 1004 mit § 1027 der Grunddienstbarkeitsberechtigte, bei § 1004 mit § 1065 der Sachnießbraucher, bei § 1004 mit § 1090 und § 1027 der Inhaber der beschränkten persönlichen Dienstbarkeit und bei § 1004, § 1227 der Pfandgläubiger) in seinem Recht auf andere Weise als durch Entziehung oder Vorenthaltung des Besitzes gestört wird, und daß B. Störer ist. Um über einen derartigen Anspruch auf Beseitigung der Störung zu entscheiden, müssen also drei Voraussetzungen untersucht werden, und zwar: 1. ist K. Eigentümer (bei § 1004) oder Grunddienstbarkeitsberechtigter usw. in den anderen Fällen, 2. liegt eine Störung des Eigentums oder des anderen Rechts, also ein Eingriff in Eigentum oder sonstiges Recht vor, und zwar noch zu der

Zeit, zu der der Anspruch geltend gemacht wird, und 3. ist B. der Störer. Bei der zweiten Voraussetzung ist zu beachten, daß nur eine objektiv rechtswidrige Störung verlangt wird und keinerlei Verschulden des Störers erforderlich ist.

Liegen die genannten Voraussetzungen vor und kommt hinzu, daß nach dem Sachverhalt mit weiteren Störungen gerechnet werden muß, dann ist auch ein Anspruch auf Unterlassung der weiteren (künftigen) Störungen gegeben, der bereits klageweise geltend gemacht werden kann.

Ganz ähnlich ist der Anspruch aus § 862, nur daß hier eine Störung des Besitzes, und zwar durch verbotene Eigenmacht (§ 858) vorausgesetzt wird.

Die gegen einen derartigen Anspruch zulässigen Einwendungen sind verschieden, je nachdem, ob sich der Anspruch auf § 1004 bzw. § 1004 mit einem anderen Paragraphen stützt oder auf § 862. Im ersten Fall, also gegenüber dem Anspruch aus Eigentum oder einem sonstigen „eigentlichen" oder „endgültigen" Sachenrecht kann gemäß § 1004 II geltend gemacht werden, daß K. zur Duldung der Beeinträchtigung verpflichtet ist oder, anders ausgedrückt, daß B. dem K. gegenüber zu seinem Tun berechtigt ist. Dieses Störungsrecht des B. kann sich aus öffentlichem oder privatem Recht ergeben und im letzten Fall dinglicher oder obligatorischer Natur sein. Wie bei § 986 muß jedoch B. ein Recht zu seinem Tun gerade gegenüber dem K. haben. Das ist, wenn sein Recht ein dingliches, also absolutes ist, immer der Fall; ist es ein obligatorisches, so nur dann, wenn es gerade dem K. gegenüber besteht.

Stützt sich der Anspruch nur auf das „uneigentliche" oder „vorläufige" Sachenrecht, den Besitz, also auf § 862, so sind derartige Einwendungen gemäß § 863 unmöglich. Wie gegenüber dem Anspruch aus § 861 kann hier neben dem Einwand, daß die Voraussetzungen einer verbotenen Eigenmacht nicht vorliegen, nur das Vorliegen der Voraussetzungen des § 862 II und der des § 864 I oder II geltend gemacht werden (vgl. oben zu § 861).

Beispiel 22:

X. ist Eigentümer eines Wassergrundstücks. Sein Nachbar B. beabsichtigt auf seinem eigenen Grundstück die Einrichtung einer Badeanstalt für Anhänger der Nacktkultur. B. bittet den X. um dessen Zustimmung; X. erteilt sie gegen eine monatliche Zahlung von 50 DM. Nach einiger Zeit veräußert X. sein Grundstück an K. Dessen Frau nimmt an den nackten Gestalten, K. selbst an dem unmäßigen Lärm des Badebetriebes Anstoß und K. verlangt von B. Einstellung des Badebetriebes. B. beruft sich auf die Vereinbarung mit X.

Zur Begründung eines Anspruchs des K. gegen B. auf Einstellung des Badebetriebes kommt nur § 1004 in Betracht. Da K. Grundeigentümer ist, fragt sich, ob B. durch Unterhaltung des Badebetriebes auf seinem eigenen Grundstück das Eigentum des K. „beeinträchtigt". Ist das nicht der Fall, dann hat K. keinen Anspruch; ist es der Fall, dann fragt sich gemäß § 1004 II weiter, ob K. nicht zur Duldung dieser Beeinträchtigung verpflichtet ist.

Die Frage, ob in einem bestimmten Verhalten eines Grundeigentümers nur die zulässige Ausübung seines Eigentums, nämlich seines Rechts „mit der Sache nach Belieben zu verfahren" (§ 903) liegt oder eine unzulässige Beeinträchtigung des Eigentums seines Nachbarn ist in § 906 geregelt. Danach kann der Eigentümer eines Grundstücks die Zuführung von Gasen ... Geräuschen und ähnliche von einem anderen Grundstück ausgehende Einwirkungen nicht verbieten, soweit sie unwesentlich oder ortsüblich sind. Insoweit würde also keine Beeinträchtigung seines Eigentums im Sinne des § 1004 vorliegen mit der einen Ausnahme „Zuführung durch eine besondere Leitung". Eine solche stellt immer – also ohne Rücksicht auf Wesentlichkeit und Ortsüblichkeit eine Beeinträchtigung dar; sie kann also immer verboten werden. Die in § 906 enthaltene Aufzählung von Gasen, Dämpfen usw. zeigt, daß es sich bei den verbietbaren Einwirkungen immer um materielle Einwirkungen handeln muß; eine Anwendung (auch eine analoge) auf immaterielle, z. B. moralische Einwirkungen ist nicht möglich. Daraus ergibt sich, daß in dem Nacktbaden, an dem Frau K. Anstoß nimmt, eine verbietbare Eigentumsbeeinträchtigung nicht liegt. Anders liegt es bei dem Lärm. Er ist als Geräusch im § 906 sogar ausdrücklich aufgeführt. Da er bei privaten Wassergrundstücken kaum als ortsüblich angesehen werden kann, kommt es für den Anspruch des K. insoweit auf das Maß des Lärms an. Ist er nach Intensität und Dauer so schlimm, daß er eine wesentliche Beeinträchtigung der Benutzung des Grundstücks des K. bedeutet, dann kann K. ihn gemäß § 906 grundsätzlich verbieten, d.h. von B. Beseitigung dieser Störung verlangen. Da die Störung unmittelbar durch den Badebetrieb verursacht wird und eine andere Beseitigung als durch die Einstellung des Betriebes wohl nicht möglich erscheint, hat K. gegen B. den Anspruch aus § 1004 I.

Es fragt sich nur noch, ob K. nicht auf Grund der Abmachung zwischen X. und B. zur Duldung verpflichtet und sein Anspruch deswegen nach § 1004 II ausgeschlossen ist. Nach dem Sachverhalt haben die Abmachungen zwischen X. und B. nicht zur Belastung des X.schen Grundstücks mit einer Grunddienstbarkeit geführt, denn eine solche könnte gemäß § 873 nur durch Einigung und Eintragung im Grundbuch entstehen, und davon ist im Sachverhalt nicht die Rede. Es handelt sich daher offenbar nur um einen obligatorischen Vertrag, aus dem die

Vertragschließenden, nämlich X. und D., berechtigt und verpflichtet wurden, nicht aber K. B. hat also Rechte aus diesem Vertrage nur gegen X. und die Verpflichtung zur Duldung des Badebetriebes hat nur X. übernommen, nicht K. Die Tatsache, daß der Betrieb schon bestand, als K. das Grundstück erwarb, ist nach den §§ 906 und 1004 bedeutungslos.

K. hat also den Anspruch aus § 1004 I gegen B. auf Einstellung des Badebetriebes, und B. kann sich dem K. gegenüber nicht auf die Vereinbarung mit X. berufen.

d) Der Grundbuchberichtigungsanspruch aus § 894

Der Grundbuchberichtigungsanspruch aus § 894 setzt voraus, daß die im Grundbuch eingetragene Rechtslage mit der tatsächlichen Rechtslage nicht übereinstimmt. Ist das der Fall, dann hat derjenige, zu dessen Lasten der unrichtige Grundbuchinhalt wirken würde, gegen denjenigen den Berichtigungsanspruch, zu dessen Gunsten die falsche Eintragung besteht. Im einzelnen sind folgende Fälle denkbar:

1. Ein dingliches Recht am Grundstück (sei es Eigentum oder ein beschränktes dingliches Recht) ist für einen falschen Berechtigten eingetragen: Der tatsächlich Berechtigte hat gegen den zu Unrecht Eingetragenen den Berichtigungsanspruch.

2. Ein beschränktes dingliches Recht am Grundstück ist im Grundbuch eingetragen, während es in Wahrheit nicht besteht: Der Eigentümer hat gegen den fälschlich Eingetragenen den Berichtigungsanspruch auf Löschung.

3. Ein beschränktes dingliches Recht am Grundstück ist zu Unrecht gelöscht, während es in Wahrheit noch besteht: Der Inhaber des beschränkten dinglichen Rechts hat gegen den Eigentümer den Berichtigungsanspruch auf Eintragung des Rechtes.

4. Eine Verfügungsbeschränkung zugunsten bestimmter Personen ist im Grundbuch eingetragen, während sie in Wahrheit nicht besteht: Der Inhaber des Rechts, bei dem die Verfügungsbeschränkung eingetragen ist, kann von demjenigen, zu dessen Gunsten sie eingetragen ist, Berichtigung durch Löschung der Verfügungsbeschränkung verlangen.

5. Eine eintragungsfähige Verfügungsbeschränkung zugunsten bestimmter Personen besteht, ist aber nicht eingetragen: Derjenige, zu dessen Gunsten die Verfügungsbeschränkung besteht, kann von dem dinglich Berechtigten (Eigentümer oder Inhaber des beschränkten dinglichen Grundstücksrechts), dem diese Beschränkung obliegt, die Eintragung der Verfügungsbeschränkung verlangen.

6. Fälle der Ziffern 1, 2 und 3 sind auch möglich bezüglich eines dinglichen Rechts (Nießbrauch oder Pfandrecht) an einem Grundstücksrecht (z. B. Hypothek).

Die Eintragungen im Grundbuch ergeben sich jeweils aus dem Tatbestand. Die wahre dingliche Rechtslage ist nach den oben dargestellten Gesichtspunkten zu untersuchen. Liegen die Voraussetzungen des § 894 vor, so ist der Anspruch gegeben. Besondere Einwendungen dagegen sind nach dem Gesetz nicht vorgesehen, also grundsätzlich nicht möglich, doch werden die allgemeinen Einwendungen, wie etwa die exceptio doli oder die Einrede des Zurückbehaltungsrechts nach § 273 zu beachten sein.

Beispiel 23:

K. hat dem V. in öffentlich beglaubigter Form unwiderruflich Vollmacht zur Veräußerung seines Grundstücks gegeben. V. hat auf Grund dieser Vollmacht das Grundstück an B. verkauft und aufgelassen. Nach Eintragung des B. im Grundbuch verlangt K. von ihm Zustimmung zu seiner, des K., Wiedereintragung im Grundbuch als Eigentümer. Mit Recht?

K. verlangt von B. Zustimmung zu seiner, des K., Wiedereintragung im Grundbuch als Eigentümer dann mit Recht, wenn er einen entsprechenden Anspruch gegen B. hat. In Betracht kommt lediglich ein Anspruch aus § 894. Danach müßte B. im Grundbuch als Eigentümer eingetragen und K. in Wahrheit Eigentümer sein. B.s Eintragung im Grundbuch ergibt sich aus dem Sachverhalt. Ist K. wahrer Eigentümer? Da er ursprünglich Eigentümer war, fragt sich nur, ob er sein Eigentum nicht durch die seitens des V. im Namen des K. vorgenommene Veräußerung des Grundstücks an B. verloren hat, weil B. dadurch Eigentum erwarb. Der rechtsgeschäftliche Eigentumserwerb am Grundstück verlangt gemäß §§ 925, 873 Einigung und Eintragung, wobei die Einigung bei gleichzeitiger Anwesenheit beider Parteien vor dem Grundbuchamt (oder nach einem besonderen Gesetz vor einem Notar) erklärt werden muß und Auflassung genannt wird. Diese Voraussetzungen liegen nach dem Sachverhalt vor. Da K. aber die Auflassung nicht selbst vorgenommen, sondern für ihn ein Vertreter gehandelt hat, ist weiter erforderlich, daß der Vertreter auch Vertretungsmacht hatte. Da K.

nach dem Sachverhalt dem V. zur Veräußerung des Grundstücks Vollmacht gegeben hatte, fragt sich nur, ob diese Vollmacht – weil zur Grundstücksveräußerung, also auch zum Grundstücksverkauf gegeben – nicht der Form des § 313, also der gerichtlichen oder notariellen Beurkundung bedurfte und somit nach §§ 313, 125 nichtig ist, weil sie lediglich öffentlich beglaubigt war. (Bei der Beurkundung wird der gesamte Vorgang, wie er sich vor Augen und Ohren des Notars abspielt, beurkundet, d.h. mit voller Beweiswirkung – § 415 ZPO. – bescheinigt. Bei öffentlicher Beglaubigung wird gemäß § 129 BGB lediglich die Unterschrift beglaubigt, d.h. als von dem richtigen Namensträger vollzogen bescheinigt.) Grundsätzlich bedarf nun eine Vollmacht gemäß § 167 II nicht der Form, die für das Rechtsgeschäft bestimmt ist, auf das sich die Vollmacht bezieht. Von diesem Grundsatz hat jedoch das Reichsgericht in zutreffender ständiger Rechtsprechung verschiedene Ausnahmen entwickelt, die sich in folgendem Satz zusammenfassen lassen: Eine Vollmacht (im Sinne von Bevollmächtigung, also Rechtsgeschäft, durch das die Vollmacht erteilt wird) bedarf dann doch der Form des Geschäftes, zu dem bevollmächtigt wird, wenn sie (zwar nicht formal-juristisch, wohl aber) nach der wirtschaftlichen Bedeutung des Falles bereits die Vornahme des formbedürftigen Geschäftes selbst darstellt. Um einen Anwendungsfall dieses Satzes handelt es sich hier: Die Vollmacht ist unwiderruflich erteilt worden, das bedeutet, daß K. nach ihrer Erteilung nicht mehr die Möglichkeit hat, sie zurückzuziehen und dadurch den Verkauf des Grundstücks zu verhindern. Durch die Erteilung einer unwiderruflichen Vollmacht bindet er sich also schon genau so, als ob er bereits verkaufte; jedenfalls ist die Entstehung der aus dem Kauf herrührenden Verpflichtung nach Erteilung einer unwiderruflichen Vollmacht vom Willen des Veräußerers ganz unabhängig, er kann sie auch nicht mehr hindern. Soll der Grundstückseigentümer – wie es der Zweck des § 313 ist – vor übereiltem Verkauf geschützt werden, so muß also auch die Erteilung einer unwiderruflichen Vollmacht zum Verkauf dieser Form des § 313 bedürfen, da sonst die Verpflichtung zur Übereignung des Grundstücks für den Grundeigentümer entstehen könnte, ohne daß ihm durch die gerichtliche oder notarielle Beurkundung seiner Erklärung deren Bedeutung vor Augen geführt und er damit entsprechend geschützt würde. In der Tat wird in der Praxis oft ein Kaufvertrag über ein Grundstück dadurch ersetzt, daß der Käufer sich unwiderrufliche Vollmacht zur Veräußerung des Grundstücks geben läßt, und zwar dann, wenn er beabsichtigt, das Grundstück in absehbarer Zeit weiter zu verkaufen. V. hat somit keine gültige Vollmacht zum Verkauf des Grundstücks und damit gemäß § 139 auch nicht zur Übereignung des Grundstücks. B. ist somit nicht Eigentümer geworden, K. ist Eigentümer geblieben und kann gemäß § 894 von B. Zustimmung zur Grundbuchberichtigung, d.h. zu seiner, des K., Wiedereintragung als Eigentümer verlangen.

KLAUSURFÄLLE

Fall Nr. 1

Im Jahre 1912 hatte ein Wachtmeister den Einjährigen seiner Schwadron zu verstehen gegeben, daß er sich zu Weihnachten ein Klavier wünsche. Richtig überbrachten zu Weihnachten Leute der Schwadron im Auftrage der Einjährigen dem Wachtmeister ein Klavier mit den besten Wünschen der Einjährigen. Am 2. Oktober des folgenden Jahres wollten Leute eines Klavierhändlers das Klavier wieder abholen. Die schlauen Einjährigen hatten das Klavier nicht gekauft, sondern nur bis zum Ende ihrer Dienstzeit gemietet.

I. Mußte der Wachtmeister das Klavier herausgeben?

II. Wie, wenn das Klavier durch Leute des Händlers überbracht worden wäre?

I. Mußte der Wachtmeister das Klavier herausgeben, wenn es durch Leute der Schwadron überbracht worden war? Dann, wenn der Händler gegen den Wachtmeister einen Herausgabeanspruch hatte.

a) Der Anspruch aus § 985 setzt voraus, daß der Wachtmeister Besitzer des Klaviers und der Händler Eigentümer war.

Besitz des Wachtmeisters ergibt sich aus dem Tatbestand, so daß nur Eigentum des Händlers zu untersuchen ist.

Offenbar war der Händler ursprünglich mal Eigentümer des Klaviers, so daß nur zu prüfen ist, ob er sein Eigentum nicht verloren hat. Er könnte es dadurch verloren haben, daß der Wachtmeister Eigentum erworben hätte. Dazu wäre nach § 929 Einigung und Übergabe und, da die Veräußerer – Einjährigen – nicht Eigentümer waren, nach § 932ff. weiter erforderlich, daß der Wachtmeister in Ansehung des Eigentums der Einjährigen gutgläubig, und daß das Klavier nicht abhanden gekommen war.

Eine Übergabe durch die Einjährigen – als deren Besitzdiener die Leute der Schwadron anzusehen sind – an den Wachtmeister hat stattgefunden. Die Einigung über den Eigentumsübergang setzt sich zusammen aus dem Eigentumsübertragungswillen des Veräußerers – Einjährigen – und dem Eigentumserwerbswillen des Erwerbers – Wachtmeister –. Sicher hatte nun der Wachtmeister den Eigentumserwerbswillen. Ebenso sicher hatten die Einjährigen den Eigentumsübertragungswillen in Wahrheit nicht. Aber die Übereignung einer Sache ist ein

Rechtsgeschäft, das aus zwei Willenserklärungen – Erklärung des Eigentumsübertragungswillens und Erklärung des Eigentumserwerbswillens – besteht und auf das demgemäß die Vorschriften über Willenserklärungen – § 116ff. – Anwendung finden. Bei derartigen Willenserklärungen ist nun grundsätzlich die verkehrsmäßige Bedeutung der abgegebenen Erklärung maßgebend. Verkehrsmäßig aber kann die Erklärung der Einjährigen, „die Übersendung eines Klaviers zu Weihnachten mit den besten Wünschen zum Weihnachtsfest", nur dahin verstanden werden, daß sie dem Wachtmeister das Klavier schenken, also übereignen wollen. Darüber waren sich die Einjährigen sogar völlig klar. Sie wollten ja den Eindruck erwecken, als ob sie dem Wachtmeister das Klavier schenkten und hatten nur innerlich die Vorstellung, das in Wahrheit doch nicht zu wollen, sondern den Wachtmeister zu täuschen. Ein derartiger geheimer Vorbehalt (reservatio mentalis) ist gemäß § 116 bedeutungslos. Die tatsächlich abgegebene Erklärung ist maßgeblich und voll wirksam. Einigung und Übergabe liegen somit vor. Der Wachtmeister war auch gutgläubig, denn er hielt die Einjährigen ohne grobe Fahrlässigkeit für die Eigentümer des Klaviers, und das Klavier war nicht abhanden gekommen, da der unmittelbare Besitzer den Besitz nicht ohne seinen Willen verloren hatte. Demgemäß hatte der Wachtmeister Eigentum an dem Klavier erworben, der Händler sein Eigentum verloren; er konnte das Klavier gemäß § 985 nicht herausverlangen.

b) Auch andere dingliche Herausgabeansprüche bestehen nicht:
§ 1007 I trifft nicht zu, weil der Wachtmeister bei seinem Besitzerwerb nicht bösgläubig war, und § 1007 II nicht, weil das Klavier nicht abhanden gekommen ist.
§ 861 trifft nicht zu, weil in Ansehung des Klaviers keine verbotene Eigenmacht begangen wurde.

c) Besteht ein vertraglicher Herausgabeanspruch?
Erste Voraussetzung eines Vertragsanspruches ist, daß ein Vertrag besteht, und zwar, da grundsätzlich nur ein Partner einen Anspruch gegen den anderen Partner haben kann, daß ein Vertrag zwischen den Parteien besteht. Hier hat der Händler einen Mietvertrag über das Klavier mit den Einjährigen, nicht mit dem Wachtmeister abgeschlossen, so daß grundsätzlich ein Vertragsanspruch nicht in Betracht käme. Gerade bei der Miete aber (ebenso bei Pacht und Leihe) hat der Vermieter nach Beendigung des Mietverhältnisses den grundsätzlich gegen den Mieter gerichteten Anspruch auf Rückgabe der vermieteten Sache aus § 556 I gemäß Absatz III auch gegen einen Dritten, wenn diesem der Gebrauch der Sache von dem Mieter überlassen war. Dazu ist aber nötig, daß der Mieter (hier die Einjährigen) dem Dritten (Wachtmeister) den Gebrauch der Sache überlassen hat. Der Anspruch besteht also nicht, wenn der Mieter die Sache einem gutgläubigen Dritten übereignet hat; in diesem Fall hat er ihm die Sache nicht zum Gebrauch, sondern zu Eigentum überlassen. Ein vertraglicher Herausgabeanspruch besteht also gleichfalls nicht.

d) Von den gesetzlichen obligatorischen Ansprüchen kommt nur der bei wirksamen Verfügungen Nichtberechtigter eingreifende § 816 in Betracht.

Die Einjährigen haben als Nichtberechtigte, nämlich als Nichteigentümer, über einen Gegenstand – das Klavier – eine Verfügung getroffen, die dem Berechtigten gegenüber wirksam ist: Sie haben das Klavier wirksam an den Wachtmeister übereignet. Hätten sie diese Verfügung entgeltlich vorgenommen, so müßten sie nach § 816 I S. 1 das Entgelt dem Berechtigten – Händler – herausgeben. Da die Verfügung unentgeltlich erfolgte (die Einjährigen haben das Klavier dem Wachtmeister geschenkt), mußte der Wachtmeister das Klavier gemäß § 816 I S. 2 an den Händler zurückgeben.

II. Wie, wenn das Klavier von Leuten des Händlers überbracht worden ist?

Hat auch jetzt der Wachtmeister Eigentum erworben? Wieder liegt Einigung über die Eigentumsübertragung zwischen dem Veräußerer (Einjährigen) und dem Erwerber (Wachtmeister) vor. Auch ist das Klavier nicht abhanden gekommen, und der Erwerber ist gutgläubig. Fraglich ist dagegen, ob auch jetzt eine Übergabe im Sinne des § 929 S. 1 erfolgt ist, so daß der Wachtmeister wieder nach § 929 S. 1 in Verbindung mit § 932 Eigentum erworben hat oder ob eine derartige Übergabe fehlt. Nähme man das letzte an, so könnte eine Übereignung allenfalls nach § 929 S. 2 durch bloße Einigung erfolgt sein, nachdem der Erwerber bereits Besitzer war. In diesem Fall hätte der Wachtmeister gemäß § 932 I S. 2 aber deswegen kein Eigentum erworben, weil er den Besitz nicht vom Veräußerer, sondern von einem anderen, dem Klavierhändler (dessen Leute als dessen Besitzdiener anzusehen sind), erlangt hätte. Die Frage ist also, wann liegt eine Übergabe im Sinne des § 929 S. 1 vor? Ist das nur dann der Fall, wenn der Veräußerer selbst dem Erwerber die Sache übergibt, oder genügt es, wenn ein anderer auf Veranlassung des Veräußerers dem Erwerber die Sache übergibt. Der Wortlaut des Gesetzes spricht zwar in § 929 S. 1 davon, daß „der Eigentümer die Sache dem Erwerber übergibt", bzw. im § 932, daß der Veräußerer das tut, doch dürfte damit nicht ausgeschlossen sein, daß auch eine von einem anderen im Auftrage oder auf Veranlassung des Veräußerers vorgenommene Übergabe als Übergabe des Veräußerers gilt. Eine vernünftige Auslegung scheint vielmehr eine derartige Entscheidung zu fordern. Denn es wäre nicht einzusehen, warum die Frage des Eigentumserwerbes durch den Wachtmeister verschieden beantwortet werden sollte, je nachdem ob die Einjährigen durch von ihnen selbst bestellte Leute das Klavier überbringen ließen oder unmittelbar durch Leute des Händlers. In beiden Fällen hat der Erwerber durch den Veräußerer den unmittelbaren Besitz erlangt, und das allein dürfte es sein, worauf es beim Eigentumserwerb ankommt. Für diese Entscheidung spricht auch § 934 Fall 2: Der Veräußerer (Nichteigentümer) übereignet durch Abtretung eines gar nicht bestehenden Herausgabeanspruches. Dann wird der Erwerber zwar nicht durch diese nichtige Abtretung, wohl aber dann Eigentümer, wenn er den Besitz der Sache von dem Dritten – und zwar offenbar doch auf Grund der Abtretung des in

Wahrheit nicht bestehenden Anspruches, also auf Veranlassung des Veräußerers! – erlangt und natürlich, wenn er zu dieser Zeit noch gutgläubig ist. Es kann keinen Unterschied machen, ob der Besitzerlangung durch den Erwerber die Abtretung eines – gar nicht bestehenden! – Anspruches vorausgeht oder nicht. Das allein Entscheidende ist eben, daß der Erwerber auf Veranlassung des Veräußerers den unmittelbaren Besitz an der Sache erwirbt.

Somit hat also der Wachtmeister auch jetzt Eigentum erworben, so daß hier ebenso zu entscheiden ist, wie wenn Leute aus der Schwadron das Klavier überbracht hätten.

Fall Nr. 2

V. hat dem K. am 1. 5. ein Pferd auf Probe verkauft und übergeben mit der Vereinbarung, K. solle sich bis zum 15. 5. darüber entscheiden, ob er es behalten wolle. Am 5. 5. erscheint bei K. der X. in Begleitung des V. und bittet, das Pferd probieren zu dürfen, da er es evtl. erwerben wolle. K. beauftragt seinen Angestellten A., das Pferd dem X. zu zeigen und gestattet dem X., das Pferd in Gegenwart des A. auf seinem, des K., Grundstück zu probieren. X. probiert es, reitet dann aber im Einvernehmen mit V. schnell weg und weigert dem K. die Herausgabe des Pferdes. Kann K. von X. die Herausgabe des Pferdes verlangen? Wäre es bedeutsam, wenn K. dem V. erklären würde, er wolle das Pferd endgültig behalten?

I. K. kann das Pferd von X. dann herausverlangen, wenn er gegen ihn einen entsprechenden Anspruch und X. keine Einwendungen dagegen hat.

a) Der Anspruch aus § 985 ist der Anspruch des Eigentümers gegen den Besitzer auf Herausgabe.

X. ist Besitzer des Pferdes. Ist K. dessen Eigentümer? Er könnte Eigentum nur durch Einigung und Übergabe seitens des V. am 1. 5. erworben haben. Eine Übergabe hat am 1. 5. stattgefunden. Ob V. und K. dabei den Willen hatten, Eigentum zu übertragen bzw. zu erwerben, ist im Sachverhalt nicht ausdrücklich gesagt. Nimmt man es an, so wollten doch beide diese Übereignung offenbar nur für den Fall vornehmen, daß K. das Pferd endgültig kaufe, also unter der aufschiebenden Bedingung eines unbedingten Kaufvertrages über das Pferd. Der Kaufvertrag war aber auf Probe, also (§ 495) unter der aufschiebenden Bedingung der Billigung des K. geschlossen, und K. hat bisher noch nicht gebilligt. Da ihm das Pferd zum Zweck der Probe übergeben war, würde nach § 496 S. 2 sein Schwei-

gen als Billigung gelten, doch ist bisher die für seine Erklärung vereinbarte Frist (15. 5.) noch nicht abgelaufen. Man kann auch sein Herausgabeverlangen gegenüber X. nicht etwa als Billigung ansehen. Das wäre nur möglich, wenn dieses Verlangen keine andere Deutung zuließe, als daß er das Pferd endgültig haben wolle. So liegt es aber nicht. Da eine vierzehntägige Probezeit vereinbart war und diese noch nicht abgelaufen ist, kann K. durchaus ein Interesse daran haben, das Pferd sofort zurückzuerhalten, um es noch probieren zu können. Der unter aufschiebender Bedingung abgeschlossene Kaufvertrag ist also noch nicht unbedingt zustande gekommen und damit die – wenn überhaupt, so unter der Bedingung des Zustandekommens des Kaufvertrages vorgenommene – Übereignung V. an K. noch nicht wirksam. K. ist also nicht Eigentümer des Pferdes und hat keinen Anspruch aus § 985 auf dessen Herausgabe.

b) Der Anspruch aus § 1007 ist der Anspruch des früheren berechtigten oder wenigstens gutgläubigen Besitzers gegen den gegenwärtigen Besitzer auf Herausgabe, wenn entweder der gegenwärtige Besitzer bei seinem Besitzerwerb bösgläubig war (§ 1007 I) oder dem früheren Besitzer die Sache abhanden gekommen ist (§ 1007 II). Diese Voraussetzungen liegen vor: K. ist früherer Besitzer, der auf Grund seiner Abmachung am 1. 5. auch zum Besitz berechtigt war, und der gegenwärtige Besitzer X. war, was er wohl wußte, dem K. gegenüber nicht zum Besitz berechtigt. Außerdem ist dem K. das Pferd dadurch, daß X. mit ihm wegritt, abhanden gekommen. Abhanden gekommen ist eine Sache dann, wenn der unmittelbare Besitzer den Besitz ohne seinen Willen verloren hat. K. war unmittelbarer Besitzer des Pferdes. Er hat diesen Besitz nicht auf X. übertragen. Wenn er dem X. gestattete, das Pferd auf seinem, des K., Grundstück zu probieren – in Gegenwart seines, des K., Angestellten –, so erlangte X. dadurch keinen Besitz am Pferd. Das tatsächliche, von der Umwelt anerkannte und grundsätzlich respektierte Gewaltverhältnis über eine Sache, das gemäß § 854 I den Besitz ausmacht, hatte auch jetzt noch K. an dem Pferd. X. erwarb Besitz an dem Pferd erst dadurch, daß er mit dem Pferd wegritt; das aber geschah ohne, ja, gegen den Willen des K. Ihm ist das Pferd damit abhanden gekommen. Es liegen somit die Voraussetzungen sowohl des § 1007 I wie auch des § 1007 II vor.

Hat X. Einwendungen gegen den Herausgabeanspruch? In Betracht kommt nur ein Recht zum Besitz gegenüber dem K. gemäß § 1007 III in Verbindung mit § 986. Als solches Recht käme hier nur Eigentum des X. in Betracht. Daß Eigentum des jetzigen Besitzers in § 1007 II besonders als Einwendung gegenüber dem Anspruch aus § 1007 II (also wenn die Sache dem früheren Besitzer abhanden gekommen ist) aufgeführt ist, hindert nicht, daß es als „Recht zum Besitz" auch nach Absatz III eine Einwendung gegenüber dem Anspruch aus Absatz I sein kann. (Seine besondere Erwähnung in § 1007 II ist also überflüssig. Vermutlich war der Gesetzgeber der Auffassung, in § 1007 I könne der gegenwärtige Besitzer kein Eigentum erwerben, weil er dort ja bei seinem Besitz-

erwerb bösgläubig sei. Dabei wäre dann übersehen worden, daß der gute bzw. böse Glaube in § 1007 I sich auf ein dem früheren Besitzer gegenüber nicht bestehendes Recht zum Besitz beziehen muß und der frühere Besitzer ja – wie vorliegender Fall zeigt – mit dem Eigentümer nicht identisch zu sein braucht und der gegenwärtige Besitzer somit trotz seines bösen Glaubens gegenüber dem früheren Besitzer doch vom Eigentümer Eigentum erwerben kann.) Ob K. Eigentum am Pferd erworben hat, läßt der Sachverhalt nicht mit Sicherheit ersehen; der Umstand, daß X. „im Einverständnis mit V." wegreitet, läßt die Möglichkeit offen, daß V. dem X. das Pferd dann verkauft und übereignet hat. Da V. noch Eigentümer des Pferdes war, war er zu dessen Übereignung an X. auch in der Lage. X. hätte dann also Eigentum am Pferd erworben und brauchte dem auf § 1007 I oder Absatz II gestützten Herausgabeverlangen des K. gemäß § 1007 III in Verbindung mit § 986 nicht nachzukommen. Hat er das Pferd nicht zu Eigentum erworben, so muß er es herausgeben.

c) Der Anspruch aus § 861 auf Wiedereinräumung des Besitzes steht demjenigen früheren Besitzer einer Sache zu, der den Besitz durch verbotene Eigenmacht verloren hat; der Anspruch richtet sich gegen den fehlerhaften Besitzer. Die Voraussetzungen dieses Anspruches sind erfüllt, da X. – wie bereits unter a) dargelegt – dem früheren Besitzer K. dadurch, daß er mit dem Pferd wegritt, ohne dessen Willen den Besitz entzog und damit verbotene Eigenmacht beging (§ 858). Einwendungen gegen diesen Anspruch hat X. selbst dann nicht, wenn er Eigentümer des Pferdes ist (§ 863).

II. Wäre es bedeutsam, wenn K. dem V. erklären würde, er wolle das Pferd endgültig behalten?

a) Für den Anspruch aus § 985 wäre es dann bedeutsam, wenn K. nunmehr Eigentümer des Pferdes wäre. Er wäre es dann, wenn man annähme, daß V. und K. bei der Übergabe des Pferdes am 1. 5. sich gleichzeitig über dessen Eigentumsübergang einigten für den Fall, daß K. das Pferd endgültig kaufe. In der Tat dürfte diese Annahme ihrem Willen entsprechen. Die Übereignung stand dann also unter der aufschiebenden Bedingung eines unbedingten Kaufvertrages über das Pferd. Der Kaufvertrag war zunächst unter der aufschiebenden Bedingung der Billigung durch K. geschlossen. Diese Billigung würde in der Erklärung des K. liegen, er wolle das Pferd endgültig behalten. Damit wäre dann der Kaufvertrag unbedingt, also endgültig geschlossen und damit die Übereignung des Pferdes an K. wirksam geworden (§ 158 I). Hätte X. nach seinem Wegritt das Pferd von V. zu Eigentum erworben, so würde dieser Eigentumserwerb gemäß § 161 I jetzt in vollem Umfange unwirksam werden. § 161 III in Verbindung mit §§ 932ff. würde aus doppeltem Grunde nicht eingreifen: Einmal war X. in Ansehung des aufschiebend-bedingten Eigentums des K. offenbar bösgläubig, dann aber war jedenfalls das Pferd ja dem K. auch abhanden gekommen (§ 935).

b) Für den Anspruch aus § 1007 I wäre es dann bedeutsam, wenn X. von V. Eigentum erworben hatte, so daß er nach §§ 1007 III, 986 dem K. die Herausgabe weigern konnte. Da K. durch die Erklärung, er wolle das Pferd endgültig behalten, Eigentum erwarb und das Eigentum des X. gemäß § 161 I wegfällt, könnte X. nunmehr die Herausgabe nicht mehr verweigern. Die gleiche Bedeutung hätte K.s Erklärung für seinen Anspruch aus § 1007 II.

c) Für den Anspruch aus § 861 ist nur nötig, daß K. den Besitz durch verbotene Eigenmacht verloren hat und X. fehlerhafter Besitzer ist. Eigentum des K. ist hier ebensowenig bedeutsam, wie nach § 863 Eigentum des X. Für diesen Anspruch wäre die Erklärung des K. also gleichgültig.

Fall Nr. 3

K. hat von V. ein Fabrikgrundstück gekauft und eine Woche später aufgelassen und eingetragen erhalten. Zur Zeit des Kaufs befanden sich auf dem Grundstück zwei im Fabrikbetrieb verwendete, dem V. gehörige Pferde nebst Wagen und ein Personenauto, das zur Benutzung für den Fabrikleiter angeschafft war. Letzteres war auf Abzahlung gekauft und noch nicht voll bezahlt. Der Verkäufer hatte sich das Eigentum am Auto bis zur Vollzahlung vorbehalten. K. wußte davon nichts.

E. hat unter Kenntnis aller obigen Umstände die Pferde und das Auto von V. gekauft und übergeben erhalten und den Wagen auf einen Monat geliehen erhalten, und zwar die Pferde und den Wagen vor der Auflassung des Grundstücks an K., das Auto nachher. K. verlangt von E. Herausgabe von Pferden, Wagen und Auto. Mit Recht?

K. verlangt von E. die Herausgabe von Pferden, Wagen und Auto nur dann mit Recht, wenn er gegen ihn einen Herausgabeanspruch hat.

I. In Betracht kommt zunächst ein Anspruch aus § 985, der verlangt, daß K. Eigentümer und E. Besitzer der fraglichen Sachen ist.

Besitz des E. an Pferden, Wagen und Auto ergibt sich aus dem Sachverhalt. Ist K. Eigentümer der genannten Sachen?

Da eine besondere Übereignung dieser Sachen durch V. an K. nach §§ 929ff. nicht stattgefunden hat, könnte K. das Eigentum daran nur gemäß § 926 erworben haben. Nach § 926 geht bei der Übereignung eines Grundstücks das Eigentum an den zur Zeit der Übereignung vorhandenen Zubehörstücken mit auf den Erwerber über, wenn die Parteien darüber einig sind, daß sich die Veräußerung auf das Zubehör des Grundstücks erstrecken soll und das Zubehör dem Veräußerer gehört; doch kann etwa fehlendes Eigentum des Veräußerers gemäß § 926 II dadurch ersetzt werden, daß der Erwerber in Ansehung des fehlenden Eigentums des Veräußerers in gutem Glauben ist, die fraglichen Zubehörstücke nicht abhanden gekommen sind und der Erwerber Besitz an ihnen erlangt.

Liegen diese Voraussetzungen vor?

Einigkeit der Parteien über die Erstreckung der Veräußerung auch auf das Zubehör ist gemäß § 926 I S. 2 im Zweifel anzunehmen, so daß nur die sonstigen Voraussetzungen zu untersuchen sind.

Zubehör sind gemäß § 97 „bewegliche Sachen, die, ohne Bestandteil der Hauptsache zu sein, dem wirtschaftlichen Zweck der Hauptsache zu dienen bestimmt sind und zu ihr in einem dieser Bestimmung entsprechenden räumlichen Verhältnis stehen", auch im Verkehr als Zubehör angesehen werden.

Diese Begriffsbestimmung traf auf Pferde und Wagen zu, solange sie im Fabrikbetrieb verwendet wurden. Die Pferde hat V. jedoch nach dem Verkauf, aber vor der Übereignung des Grundstücks an E. verkauft und übergeben. Damit haben sie ihre Zubehöreigenschaft verloren, weil sie jetzt nicht mehr dem wirtschaftlichen Zweck des Fabrikgrundstücks zu dienen bestimmt sind und auch das nötige räumliche Verhältnis endgültig aufgegeben ist. Damit scheidet ein Eigentumserwerb an den Pferden gemäß § 926 aus.

Den Wagen hat V. dem E. nur auf einen Monat geliehen. Dadurch hat er die Zubehöreigenschaft gemäß § 97 II S. 2 nicht verloren. Er ist Zubehör des Grundstücks geblieben. Er war nach dem Sachverhalt auch zur Zeit der Grundstücksübereignung Eigentum des V. K. hat daher mit dem Eigentum am Grundstück gemäß § 926 I auch Eigentum an dem Wagen erworben.

Das Auto endlich wird man gleichfalls als Zubehör ansehen müssen, da es „zur Benutzung für den Fabrikleiter" angeschafft war, also offenbar zu geschäftlichen Zwecken und damit für den wirtschaftlichen Zweck des Fabrikgrundstücks bestimmt war und nicht für rein persönliche Zwecke, wie etwa Fahrten von der Wohnung zur Fabrik und zurück. Da das Auto erst nach der Grundstücksübereignung an E. veräußert wurde, war es zur Zeit der Übereignung noch Zubehör. Es stand jedoch nicht im Eigentum des V. Nach dem Sachverhalt hatte V. das Auto unter Eigentumsvorbehalt gekauft. Da der Kaufpreis zur Zeit der Grundstücksveräußerung noch nicht voll bezahlt war, stand das Auto gemäß §§ 455 I, 158 BGB. noch im Eigentum des Autoverkäufers. K. konnte das Eigentum an dem Auto also nur gutgläubig gemäß § 926 II erwerben. Voraussetzung dafür wäre, daß K. „auf Grund der Veräußerung den Besitz" an dem Auto erlangte. Daraus geht hervor, daß nicht etwa der Eigentumsübergang am Grundstück den Besitzerwerb des Autos umfaßt. Während sich die Übereignung der dem Veräußerer gehörenden Zubehörstücke gemäß § 926 I nur durch den Eigentumsübergang am Grundstück vollzieht, muß für den Eigentumserwerb des dem V. nicht gehörenden Autos ein besonderer Besitzerwerbsakt am Auto hinzukommen. Nach dem Sachverhalt hat nur eine Übereignung des Grundstücks durch Auflassung und Eintragung stattgefunden, aber keine Übergabe des Grundstücks, geschweige denn des Autos. Dafür spricht auch, daß V. noch nach der Auflassung das Auto an E. übergeben hat, wozu er ja nach der Übergabe des Grundstücks an K. und nachdem dieser Besitz am Auto erlangt hätte, nicht mehr in der Lage gewesen wäre.

K. kann also von E. den Wagen nach § 985 herausverlangen, Pferde und Auto dagegen nicht.

E. kann die Herausgabe des Wagens nicht etwa bis zum Ablauf der mit V. vereinbarten Leihzeit verweigern, da er das gemäß § 986 I nur dann könnte, wenn er für diese Zeit dem K. gegenüber zum Besitz berechtigt wäre. Auf Grund des Leihvertrages mit V. ist er aber nur diesem, nicht dem K. gegenüber zum Besitz berechtigt. Auch auf § 986 II kann er sich nicht stützen, da der Wagen nicht nach § 931 durch Abtretung des Herausgabeanspruches übereignet ist, sondern das Eigentum daran nach § 926 übergegangen ist.

II. Hat K. bezüglich der Pferde und des Autos obligatorische Herausgabeansprüche gegen E.?

Da ein Vertrag zwischen beiden nicht besteht, kommen nur außervertragliche Ansprüche, und zwar lediglich solche aus § 826 in Betracht. Nach § 826 ist derjenige zum Schadensersatz verpflichtet, der einen anderen vorsätzlich in sittenwidriger Weise schädigt. Da also für die Anwendung des § 826 objektiv jede Schädigung ausreicht, ohne daß, wie in § 823 I die Verletzung eines der dort aufgezählten Rechtsgüter, des Eigentums oder eines sonstigen absoluten Rechts oder wie in § 823 II die Verletzung eines Schutzgesetzes nötig wäre, so kann auch die Vereitelung der Verwirklichung eines obligatorischen Anspruches unter § 826 fallen. K. hat gegen V. aus Kaufvertrag einen obligatorischen Anspruch auf Übereignung der Pferde und des Autos, da beides – wie oben dargelegt – zur Zeit des Verkaufs Zubehör des Grundstücks war und der Kaufvertrag sich deswegen nach § 314 auch auf Pferde und Auto erstreckte. Dadurch, daß E. Pferde und Auto von V. erwarb, machte er den Eigentumserwerb des K. nach § 926 unmöglich. Darin liegt objektiv eine Schädigung des K. Da E. „unter Kenntnis aller Umstände" handelte, kann auch Vorsatz des E. angenommen werden. Wie steht es mit der Sittenwidrigkeit seines Tuns? Wollte man annehmen, daß der Erwerb einer Sache immer schon dann sittenwidrig wäre, wenn er in Kenntnis des Umstandes geschieht, daß ein anderer einen obligatorischen Anspruch auf die Sache hat, dessen Verwirklichung durch den eigenen Erwerb unmöglich gemacht wird, so würde auf dem Wege über § 826 das ius ad rem, das im ALR. enthalten war, wieder in das BGB. gelangt sein, trotzdem es bei dessen Beratung ausdrücklich abgelehnt wurde. Man wird daher außer der bloßen Kenntnis des Erwerbers von obligatorischen Ansprüchen eines anderen noch irgendwelche weiteren Umstände verlangen müssen, die sein Tun zu einem sittenwidrigen stempeln. Dies um so mehr, als mit Recht allgemein angenommen wird, daß die bloße Verfolgung eigener wirtschaftlicher Interessen auch dann nicht sittenwidrig ist, wenn dadurch andere benachteiligt werden. Liegen freilich eigene wirtschaftliche Interessen gar nicht vor, handelt man vielmehr nur, um den anderen zu schädigen, so würde diese Schädigungsabsicht die Sittenwidrigkeit enthalten. Ebenso würde es sittenwidrig sein, wollte man unlautere Mittel anwenden, um den obligatorisch Verpflichteten erst zu der vertragswidrigen Veräußerung zu bestimmen. Ob derartige oder andere Umstände vorliegen, auf Grund deren man den Erwerb von Pferden und Auto durch E. als sittenwidrig bezeichnen kann, sagt der Sachverhalt nicht, so daß über den Anspruch aus § 826 nicht endgültig entschieden werden kann.

Hat E. sittenwidrig gehandelt, so hat K. gegen ihn bezüglich der Pferde einen Schadensersatzanspruch aus § 826. Schadensersatz ist nach § 249 Herstellung des Zustandes, der bestehen würde, wenn der zum Ersatz verpflichtende Umstand nicht eingetreten wäre. Der zum Ersatz verpflichtende Umstand ist der Erwerb der Pferde durch E. Hätte E. die Pferde nicht erworben, so wären sie bei Übereignung des Grundstücks durch V. an K. noch Zubehör des Grundstücks und Eigentum des V. gewesen und damit zugleich mit der Grundstücksübereignung nach § 926 Eigentum des K. geworden. K. wäre dann also jetzt schon ihr Eigentümer, so daß er nunmehr von E. Herstellung dieses Zustandes, also Übereignung der Pferde verlangen kann.

Bezüglich des Autos ist es mit Rücksicht auf das fehlende Eigentum des V. gemäß §§ 926 II, 932ff. nur dann ebenso, wenn feststeht, daß K. bei Erwerb des Eigentums am Grundstück den V. ohne grobe Fahrlässigkeit für den Eigentümer des Autos hielt.

Fall Nr. 4

E. übergibt seiner Hausangestellten eine goldene Uhr mit dem Auftrage, sie zur Reparatur zum Uhrmacher zu bringen. Die A. nimmt jedoch bei G. ein Darlehen von 1000 DM auf und verpfändet dafür dem G. die Uhr sowie einen Brillantring des E., den sie diesem heimlich entwendet hat. Bei Fälligkeit der Schuld zahlt die A. nicht und G. läßt Uhr und Ring unter Innehaltung aller gesetzlichen Vorschriften öffentlich versteigern. Die Uhr geht für 600 DM an einen Unbekannten, der Ring für 900 DM an den Juwelier J., der ihn in seinem Geschäft für 1200 DM an K. veräußert. Welche Ansprüche hat E. gegen G., J. und K.?

I. Welche Ansprüche hat E. gegen K.?

a) Da K. Besitzer des Ringes ist, kommt gegen ihn der Anspruch aus § 985 auf Herausgabe des Ringes in Betracht. Ursprünglich war E. Eigentümer des Ringes. Es fragt sich jedoch, ob er sein Eigentum nicht dadurch verloren hat, daß J. durch die Ersteigerung des Ringes Eigentum daran erworben hat. J. hat gemäß § 1242 dann Eigentum am Ring erworben, wenn G. ein Pfandrecht hatte und die Pfandveräußerung rechtmäßig war. Daß die Pfandveräußerung rechtmäßig war, ergibt sich aus dem Sachverhalt, da der Ring „unter Innehaltung aller gesetzlichen Vorschriften öffentlich versteigert wurde". Hatte G. ein Pfandrecht? Die nach § 1204 hierfür notwendigen Voraussetzungen Einigung und Übergabe liegen vor, doch war Verpfänderin A. nicht Eigentümerin des Ringes. G. kann also gemäß §§ 1207, 932ff. ein Pfandrecht nur erworben haben, wenn er die A. ohne grobe Fahrlässigkeit für die Eigentümerin hielt und der Ring nicht abhanden gekommen ist. Ist schon der gute Glaube des G. zweifelhaft, weil es unwahrscheinlich ist, daß eine Hausangestellte Eigentümerin eines wertvollen Brillantringes ist, so ist weiterhin auf alle Fälle der Ring dem E. abhanden gekommen, denn E. war unmittelbarer Besitzer und hat diesen Besitz dadurch, daß die A. ihm den Ring entwendete, ohne seinen Willen verloren. G. hatte also kein Pfandrecht und J. konnte nach § 1242 kein Eigentum erwerben. Es fragt sich weiter, ob er nach § 1244 Eigentum erworben hat. Die Voraussetzungen hierfür liegen vor, da die Veräußerung nach § 1235, d.h. im Wege der öffentlichen Versteigerung (nämlich durch einen für den Versteigerungsort bestellten Gerichtsvollzieher oder zu Versteigerungen befugten anderen Beamten oder öffentlich angestellten Versteigerer öffentlich § 383 III S. 1) erfolgte und J. in Ansehung des dem G. fehlenden Pfandrechts offenbar gutgläubig war. E. ist also nicht mehr Eigentümer und hat damit nicht den Anspruch aus § 985.

b) Auch einen Anspruch auf Herausgabe des Ringes aus § 1007 hat E. nicht. Zwar ist E. früherer berechtigter Besitzer des Ringes und K. gegenwärtiger Besitzer. K. war zwar nicht beim Besitzerwerb bösgläubig (§ 1007 I), wohl aber ist der Ring – wie oben gezeigt – dem E. abhanden gekommen, so daß die Voraussetzungen des Anspruches aus § 1007 II insoweit vorliegen. K. hat jedoch vom Eigentümer J. nach § 929 durch Einigung und Übergabe Eigentum am Ring erworben, wodurch der Anspruch aus § 1007 II ausgeschlossen wird.

c) Der Anspruch aus § 861 besteht gleichfalls nicht, weil K. nicht fehlerhafter Besitzer des Ringes ist.

d) Auch andere Ansprüche gegen K. kommen nicht in Betracht.

II. Welche Ansprüche hat E. gegen J.?

a) Da J. nicht Besitzer des Ringes ist, kommen Herausgabeansprüche gegen ihn überhaupt nicht in Betracht. Auch andere dingliche Ansprüche, wie etwa solche aus den §§ 992 oder 990, bestehen schon deswegen nicht, weil E. nicht Eigentümer des Ringes zu einer Zeit war, da J. sein Besitzer war; J. hat vielmehr bei seinem Besitzerwerb gleich Eigentum erworben.

b) Vertragliche Ansprüche gegen J. bestehen gleichfalls nicht, da zwischen J. und E. kein Vertragsverhältnis besteht.

c) Auch außervertragliche Ansprüche, etwa aus Geschäftsführung oder Bereicherung oder unerlaubter Handlung kommen nicht in Betracht.

III. Welche Ansprüche hat E. gegen G.?

a) Ansprüche wegen des Ringes.

1. Da G. den Ring als Pfand veräußert hat, ohne daß ihm ein Pfandrecht zustand, ist zunächst an § 1247 S. 2 zu denken. Danach tritt der Erlös an die Stelle der Pfandsache, soweit der Erlös dem Gläubiger nicht zu seiner Befriedigung gebührt. Da G. kein Pfandrecht hatte, gebührt ihm vom Erlös nichts zu seiner Befriedigung. Der ganze Erlös von 900 DM trat vielmehr an die Stelle der Pfandsache und fiel unmittelbar in das Eigentum des E. Ist der Erlös von 900 DM noch unvermischt vorhanden, so kann ihn E. also nach § 985 herausverlangen. Hat G. den Erlös unvermischt ausgegeben, so ist der Erwerber kraft guten Glaubens nach §§ 929, 932ff. Eigentümer geworden, G. hat also wirksam über das Eigentum des E. verfügt und ist gemäß § 816 I S. 1 zur Herausgabe des durch diese Verfügung Erlangten an E. verpflichtet. Hat G. den Erlös mit seinem übrigen Geld untrennbar vermischt, so finden gemäß § 948 I die Vorschriften des § 947 entsprechende Anwendung. Nach § 947 kommt es darauf an, ob das Geld des G. oder das des E. als Hauptsache anzusehen ist, dann erwirbt nämlich nach § 947 II der Eigentümer dieses Geldpostens Alleineigentum am gesamten Gelde und der andere ist gemäß § 951 auf einen Bereicherungsanspruch wegen des ihm verlorengegangenen Geldeigentums beschränkt. Ist keine Sache als Hauptsache anzusehen, dann werden die bisherigen Eigentümer G. und E. der bisher getrennten Geldmengen nunmehr Miteigentümer der gesamten Geldmenge. Verschiedentlich wird zwar die Auffassung vertreten, daß bei Vermengung von Geld § 947 II nicht angewendet werden könne, so daß immer Miteigentum der bisherigen Eigentümer eintritt. Diese Auffassung dürfte nicht zutreffen: Gerät ein kleiner Geldbetrag in eine Kasse mit einem sehr viel größeren Geldbetrag, so muß die Kasse als Hauptsache angesehen werden.

Soweit hiernach E. gegen G. einen Bereicherungsanspruch hat, kann G. bei Geltendmachung dieses Anspruches nicht etwa den von ihm an die A. für Verpfändung von Uhr und Ring gezahlten Geldbetrag von 1000 DM ganz oder teilweise absetzen. Nach § 818 III ist bei Bereicherungsansprüchen zwar die Verpflichtung zur Herausgabe oder zum Ersatz des Wertes ausgeschlossen, soweit der Empfänger nicht mehr bereichert ist. Abgesehen davon, daß diese Bestimmung bei einer möglicherweise vorliegenden Bösgläubigkeit des G. nicht in Betracht kommt, da G. dann gemäß §§ 819 I, 818 IV nach den allgemeinen Vorschriften, also nach den §§ 292, 987ff. haften würde, ist § 818 III auch deswegen gar nicht erfüllt, weil die Zahlung der 1000 DM an die A. nicht im ursächlichen Zusammenhange mit der Bereicherung des G. steht. Die 1000 DM hat G. der A. darlehnsweise gezahlt, er hat also insoweit einen Darlehnsanspruch gegen die A. Bereichert wurde G. erst durch Versteigerung des Ringes. Vor dieser Versteigerung hätte er den Ring selbst nach § 985 dem E. herausgeben müssen, ohne wegen der an die A. gezahlten 1000 DM irgendwelche Ansprüche gegen den E. zu haben. An die Stelle der Herausgabepflicht bezüglich des Ringes ist nunmehr die Verpflichtung zur Herausgabe des Erlöses nach § 985 bzw. einer entsprechenden Geldsumme in den Fällen der §§ 816 oder 948 getreten; auch hier bestehen demgemäß wegen der der A. gezahlten 1000 DM keinerlei Abzugsmöglichkeiten.

2. Nimmt man an, daß G. bei Inpfandnahme des Ringes positiv wußte, daß die A. nicht Eigentümerin des Ringes war und ihn unberechtigt verpfändete, dann hat G. sich den Besitz daran durch strafbare Handlung (sei es durch Hehlerei nach § 259 StrGB., sei es durch Beihilfe zur Unterschlagung §§ 246, 49 StrGB.) verschafft, so daß E. dann nach §§ 992, 823ff. von ihm Schadensersatz in vollem Umfange, insbesondere also den objektiven Wert des Ringes verlangen kann. Lag bei G. zwar nicht positive Kenntnis, wohl aber grobfahrlässige Unkenntnis des mangelnden Rechts der A. vor, so haftet er dem E. gemäß § 990 nach den §§ 987, 989.

b) Auch die Uhr hat G. als Pfand versteigern lassen. Wieder kommt daher auf Grund des § 1247 S. 2 ein Anspruch auf Herausgabe des Erlöses aus § 985, falls dieser noch unvermischt vorhanden ist, bzw. aus § 816 oder § 951 in den anderen Fällen, genau wie oben unter a) dann in Betracht, wenn auch der Erlös der Uhr dem G. nicht zu seiner Befriedigung gebührte. Das hängt davon ab, ob er auch an der Uhr kein Pfandrecht erworben hatte. Auch bezüglich der Uhr liegen Einigung und Übergabe (die Voraussetzungen eines Pfandrechterwerbes nach § 1204) zwischen der A. und G. vor, doch war wiederum Verpfänderin A. Nichteigentümerin. Für einen Pfandrechtserwerb des G. ist daher – abgesehen von der zweifelhaften Frage eines guten Glaubens des G. – wiederum bedeutsam, ob die Uhr abhanden gekommen ist. Abhanden gekommen ist eine Sache dann, wenn der unmittelbare Besitzer den Besitz ohne seinen Willen verloren hat. Ursprünglich war unmittelbarer Besitzer der Uhr der E. Als dieser sie der A. mit dem Auftrag, sie zur Reparatur zum Uhrmacher zu bringen gab, verlor er noch nicht seinen unmittelbaren Besitz. Denn wenn nunmehr auch die A. die tatsächliche Gewalt über die Uhr ausübte, so doch in einem Verhältnis, kraft dessen sie den Weisungen eines anderen, nämlich des E., in bezug auf die Uhr Folge zu leisten verpflichtet war. Die A. war also lediglich Besitzdienerin (§ 855) und E. damit immer noch unmittelbarer Besitzer der Uhr. Erst als die A., entweder durch ihre Willensrichtung und entsprechende Behandlung der Uhr oder durch deren tatsächliche Hingabe an G., sich oder den G. zum unmittelbaren Besitzer machte, verlor der E. seinen unmittelbaren Besitz daran, und zwar ohne seinen Willen; E. war nämlich nur mit einer Besitzübertragung an einen Uhrmacher zur Reparatur, nicht aber mit einem Besitzerwerb der A. oder des G. einverstanden. Infolgedessen ist auch die Uhr dem E. abhanden gekommen, so daß bezüglich des Erlöses der Uhr E. gegen G. die gleichen Ansprüche hat, wie bezüglich des Erlöses des Ringes.

3. Ebenso gilt auch bezüglich der Uhr das über die Ansprüche aus den §§ 992 bzw. 990 bezüglich des Ringes Gesagte.

Fall Nr. 5

A. und B. sind Eigentümer zweier benachbarter Grundstücke und miteinander befreundet. Da das Grundstück des A. wesentlich größer als das des B. ist, gestattet A. dem B., als dieser sich ein Auto anschafft, auf dem Grundstück des A. eine Garage zu errichten und, solange B. das benachbarte Grundstück bewohnt, zu benutzen. B. entfernt an der in Betracht kommenden Stelle den Zaun und errichtet die Garage als ein massives Gebäude, das nur durch das an der Straße liegende Eingangstor zugänglich ist. Dieses Tor wurde von B. ständig unter Verschluß gehalten. Als A. nach einigen Jahren stirbt, veräußert sein Erbe das Grundstück an K., der bei dem Erwerb glaubte, die Garage gehöre zum Grundstück des A., und als er die Benutzung durch B. bemerkte, diesem die Benutzung mit sofortiger Wirkung untersagte. Da B. sich um das Verbot nicht kümmerte, verklagte K. ihn auf Unterlassung der Benutzung der Garage. Nach rechtskräftiger Verurteilung des B. (mit Recht?) verlangt B. von K., daß dieser ihm den Abbruch der Garage und die Wegschaffung der Materialien gestatte. Mit Recht?

I. B. verlangt von K. Gestattung des Abbruchs der Garage und des Wegschaffens der Materialien. In Betracht kommt dafür ein Anspruch aus §§ 1005, 867. Seine Voraussetzungen sind, daß B. Eigentümer der Garage und daß K. Besitzer des Grundstücks ist, auf dem die Garage steht, und daß K. nicht Besitz an der Garage hat.

a) Ist B. Eigentümer der Garage?

Da B. die für die Garage erforderlichen Materialien beschafft und die Garage gebaut hat, ist er bei ihrer Errichtung deren Eigentümer geworden, wenn sie nicht in das Eigentum des damaligen Grundstückseigentümers A. gelangt ist.

Das wäre gemäß § 946 der Fall, wenn die Garage wesentlicher Bestandteil des Grundstücks geworden wäre, auf dem sie errichtet wurde. Grundsätzlich gehören die mit dem Grund und Boden fest verbundenen Sachen, insbesondere Gebäude, gemäß § 94 zu den wesentlichen Bestandteilen eines Grundstücks. Doch gilt gemäß § 95 die Ausnahme, daß nicht zu den Bestandteilen eines Grundstücks gehören erstens solche Sachen, die nur zu einem vorübergehenden Zweck mit dem Grund und Boden verbunden sind, und zweitens Gebäude oder andere Werke, die in Ausübung eines Rechts an einem fremden Grundstück von dem Berechtigten mit dem Grundstück verbunden sind.

Die zweite Ausnahme liegt nicht vor, denn unter „Recht an einem Grundstück" versteht das BGB. nur ein dingliches, ein Sachenrecht. Ein solches kommt gemäß

§ 873 nur zur Entstehung durch Einigung und Eintragung in das Grundbuch. Davon ist im Sachverhalt keine Rede. A. hat dem B. lediglich die Benutzung des fraglichen Grundstücksteiles gestattet, jedoch ohne ihm ein entsprechendes dingliches Recht zu bestellen.

Dagegen liegt die erste Annahme vor. B. hat die Garage errichtet, um sie selbst zu benutzen, und zwar für die Dauer der von A. erteilten Erlaubnis, nämlich „solange er sein, nämlich das dem A. benachbarte Grundstück bewohnt". Da er dieses Grundstück längstens bis zu seinem Tode bewohnen konnte, handelt es sich um eine vorübergehende Zeit, auf deren kürzere oder längere Dauer es nach dem klaren Wortlaut des Gesetzes nicht ankommt. Die Garage gehört also nicht zu den Bestandteilen des Grundstücks, geschweige denn zu den wesentlichen, und ist daher bei ihrer Errichtung nicht nach § 946 Eigentum des Grundstückseigentümers A. geworden, sondern Eigentum des Erbauers B.

Hat sich später daran etwas geändert?

Sicher nicht durch den Tod des A. Sein Erbe hat gemäß § 1922 I nur das Vermögen des A. erworben, zu dem die Garage nicht gehörte, nichts anderes.

Aber auch nicht durch die Veräußerung des Grundstücks an K., trotzdem dieser glaubte, die Garage gehöre zum Grundstück:

Ein Erwerb nach den §§ 873, 925, 892 ist deswegen nicht möglich, weil die Garage – wie oben dargelegt – nicht zu den Bestandteilen des Grundstücks gehört und deswegen als bewegliche Sache angesehen werden muß, also nicht nach den Grundsätzen des Liegenschaftsrechtes erworben werden kann.

Ein Erwerb nach den §§ 929 und 932ff. hat nicht stattgefunden, weil offenbar eine besondere Einigung zwischen E. und K. hinsichtlich der Garage nicht vorlag und außerdem auf alle Fälle weder eine Übergabe erfolgt noch ein Übergabesurrogat vereinbart ist.

Ebensowenig hat K. Eigentum an der Garage nach § 926 erwerben können. § 926 bestimmt, daß bei einer Grundstücksübereignung im Zweifel auch das Grundstückszubehör auf den Erwerber übergehe. Zubehör sind nach § 97 solche beweglichen Sachen, die, ohne Bestandteil der Hauptsache zu sein, dem wirtschaftlichen Zweck der Hauptsache zu dienen bestimmt sind, zu ihr in einem dieser Zweckbestimmung entsprechenden räumlichen Verhältnis stehen und auch im Verkehr als Zubehör angesehen werden. Die Garage dient laut Sachverhalt dem wirtschaftlichen Zweck des Grundstücks des B., nicht dem des Grundstücks des A. Sie war daher nicht Zubehör des von E. an K. veräußerten Grundstücks. Davon abgesehen stand sie – wie oben gezeigt – nicht im Eigentum des Veräußerers E., so daß ein Erwerb nach § 926 I auch deswegen nicht möglich war, und endlich hat K. keinen Besitz an ihr erworben, so daß ein Erwerb nach § 926 II auch deswegen nicht möglich war. Besitz ist gemäß § 854 I die Innehabung der tatsächlichen Gewalt über eine Sache. Bei einer Garage kann demgemäß nur derjenige Besitz haben, der die Möglichkeit hat, die Garage zu benutzen und andere an der Benutzung zu hindern. Diese Möglichkeit hat nicht K., auf dessen Grundstück die Garage steht, sondern nur B. Die Garage ist nur von der Straße aus zugänglich durch ein Tor, das von B. ständig unter Verschluß gehalten wird. K. kann daher die Garage, obwohl sie auf seinem Grundstück steht, nicht benutzen; das kann nur B. Er allein übt somit die tatsächliche Gewalt über die Garage aus und ist demgemäß ihr Besitzer.

Da weder E. noch K. Eigentum an der Garage erworben haben, ist somit B. deren Eigentümer geblieben.

b) K.s Besitz an dem Grundstück, auf dem die Garage steht, ergibt sich aus dem Sachverhalt.

c) Daß K. nicht Besitzer der Garage ist, ist bereits dargelegt.

Somit liegen sämtliche Voraussetzungen des Anspruches aus §§ 1005, 867 vor, und B. kann von K. Gestattung der Aufsuchung und Wegschaffung der Garage verlangen. Da die Garage als Ganzes nicht weggeschafft werden kann, muß sie zunächst abgebrochen werden. Der Abbruch dürfte daher als Teil des Wegschaffens anzusehen und damit durch den Wegschaffungsanspruch mit gedeckt sein. Im übrigen aber wäre B. zum Abbruch auch schon auf Grund seines Eigentums an der Garage berechtigt. Denn gemäß § 903 kann der Eigentümer mit seiner Sache nach Belieben verfahren und andere von jeder Einwirkung ausschließen, soweit nicht Gesetz oder Rechte Dritter entgegenstehen. Daß B. bei seinem Verlangen an K. auch Gestattung des Abbruches ausdrücklich mit aufführt, erscheint demnach nicht unbedingt notwendig; Gestattung des Wegschaffens der Materialien müßte genügen. Wenn K. ihn am Abbruch hindern würde, dann würde in der Hinderung jedenfalls eine Störung des Eigentums des B. liegen, die dem B. einen Anspruch auf Beseitigung der Störung und notfalls auf Unterlassung künftiger Störungen geben würde (§ 1004).

Gegenüber dem Anspruch des B. kann K. gemäß § 867 den Ersatz des durch Abbruch und Wegschaffen der Garage entstehenden Schadens verlangen und die Gestattung nach Satz 3 sogar bis zur Sicherheitsleistung dafür verweigern.

II. Zur Unterlassung der Benutzung der Garage ist B. dann mit Recht verurteilt worden, wenn K. gegen ihn einen entsprechenden Anspruch hatte. In Betracht kommt der Unterlassungsanspruch aus § 1004:

K. hatte das Eigentum an dem früher dem A. gehörigen Grundstück von E. gemäß §§ 873, 925 durch Auflassung und Eintragung erworben. Zu diesem Grundstück gehörte auch der Teil, auf dem die Garage des B. stand. Dadurch, daß B. die Garage benutzte, ist also das Eigentum des K., nämlich der Grund und Boden, auf dem die Garage stand, von ihm mitbenutzt worden. (Wenn oben Eigentum des B. an der Garage dargelegt worden ist, dann bezog sich das naturgemäß auf die Garage selbst, also auf das aus vier Wänden mit Tor, Dach usw. bestehende Gebäude, nicht aber auf den Grund und Boden, auf dem dieses Gebäude errichtet war.) Schon darin liegt eine für die Anwendung des § 1004 genügende Beeinträchtigung des Eigentums des K., die diesem den in § 1004 gewährten Unterlassungsanspruch verlieh, wenn B. kein Recht zu dieser Beeinträchtigung hatte. Hatte B. dagegen ein gegen K. wirkendes Recht zur Benutzung der Garage, dann mußte K. diese Benutzung dulden und sein Anspruch auf Unterlassung wäre gemäß § 1004 II ausgeschlossen.

Ein entsprechendes Recht des B. könnte dieser nur aus der Gestattung des ursprünglichen Grundstückseigentümers A. herleiten. Durch diese Gestattung ist mangels der Voraussetzungen des § 873 – wie schon oben dargelegt – kein dingliches Recht des B. zur Entstehung gekommen. Andererseits handelt es sich auch nicht etwa um eine nur gesellschaftliche Gestattung, die jederzeit widerruflich wäre und dem B. keinerlei Rechtsanspruch gewähren sollte; dazu war die Angelegenheit zu bedeutsam: B. errichtete auf Grund dieser Gestattung ja eine massive, also nicht unerhebliche Kosten verursachende Garage, und A. hatte die Gestattung ausdrücklich auf die ganze Zeit erstreckt, während der B. das benachbarte Grundstück bewohnen würde. A. und B. waren sich also offenbar darüber klar, daß sie sich bei der Vereinbarung des Rechts des B. zur Benutzung des fraglichen Grundstücksteils des A. nicht nur im Bereich bloß gesellschaftlicher, rechtlich nicht bedeutsamer Beziehungen bewegten, sondern daß sie sich damit in den Bereich rechtlicher Bindungen begaben. A. gestattete dem B. für eine bestimmte Zeit – nämlich solange dieser das benachbarte Grundstück bewohnen würde – die Benutzung des für die Garage benötigten Grundstücksteiles des A., und zwar offenbar unentgeltlich. Sie schlossen also über diesen Teil einen Leihvertrag gemäß § 598 ab.

Aus diesem Vertrage hatte B. gegen A. und gemäß § 1967 I auch gegen dessen Erben E. einen Anspruch auf Benutzung des fraglichen Grundstücksteiles. A. und E. hätten daher mit einer Unterlassungsklage nach § 1004 II abgewiesen werden müssen. Den K. dagegen, als rechtsgeschäftlichen Sondernachfolger des E., ging dieser Leihvertrag nichts an, er war nicht Verleiher geworden. Ihm gegenüber hatte B. kein Recht zur Benutzung des fraglichen Grundstücksteiles, und deswegen ist er mit seiner Klage gegen B. auf Unterlassung der Benutzung der Garage mit Recht durchgedrungen.

Fall Nr. 6

E. hat sein Grundstück dem B. unter Kreditierung des Kaufpreises verkauft und aufgelassen. B. wurde als Eigentümer im Grundbuch eingetragen, und E. hat ihm das Grundstück übergeben. E. war zu dem ganzen Geschäft durch falsche Vorspiegelungen des B. unter anderem auch über seine Zahlungsfähigkeit bestimmt worden. Als E. nach einiger Zeit die Täuschung des B. entdeckt, teilt er ihm mit, daß er wegen dieser Täuschungshandlungen das ganze Geschäft nicht mehr anerkenne, das Grundstück herausverlange und auch im Grundbuch wieder als Eigentümer eingetragen werden wolle. Jetzt stellt sich heraus, daß B. gleich nach seiner Eintragung als Eigentümer das Grundstück seinem Freunde F. verkauft und aufgelassen hat und daß dieser auch im Grundbuch als Eigentümer eingetragen ist. F. hat dem V. unentgeltlich ein dingliches Vorkaufsrecht am Grundstück bestellt. E. verlangt nunmehr von F. Zustimmung zu seiner, des E., Wiedereintragung im Grundbuch als Eigentümer und von V. Zustimmung zur Löschung des Vorkaufsrechts. Mit Recht?

I. E. verlangt von F. Zustimmung zu seiner, des E., Wiedereintragung als Eigentümer mit Recht, wenn er einen Grundbuchberichtigungsanspruch hat (§ 894). Dazu wäre nötig, daß F. im Grundbuch als Eigentümer eingetragen ist, und daß E. wahrer Eigentümer ist. F.s Eintragung ergibt sich aus dem Sachverhalt, so daß nur zu untersuchen ist, ob E. Eigentümer des Grundstücks ist.

Ursprünglich war E. mal Eigentümer, doch hat er sein Eigentum durch Auflassung des Grundstücks an B. und dessen Eintragung im Grundbuch verloren, da damit B. Eigentum am Grundstück erwarb (§§ 873, 925).

Es fragt sich, ob E. durch seine Erklärung an B., er erkenne wegen der Täuschungshandlung des B. das ganze Geschäft nicht an, die Übereignung an B. ungültig machen und damit das Eigentum wiedererlangen konnte. In der erwähnten Erklärung des E. ist eine Anfechtung „des ganzen Geschäftes", also auch der Grundstücksübereignung zu erblicken, denn E. bringt klar zum Ausdruck, daß er wegen der Täuschungshandlung des B. das Geschäft nicht gelten lassen will. Das genügt zur Anfechtung; das Wort „anfechten" selbst braucht dabei nicht zu fallen. Gemäß § 142 I ist damit die Übereignung an B. als von Anfang an nichtig anzusehen, wenn E. ein Anfechtungsrecht hatte. Dieses Recht ergibt sich aus § 123: E. ist von B. durch arglistige Täuschung, unter anderem über seine Vermögenslage, zum ganzen Geschäft, also auch zur Übereignung, bestimmt worden und konnte somit die Übereignung anfechten, so daß es so gilt, als ob B. nie Eigentümer gewesen wäre.

Trotzdem kann E. das Eigentum dadurch dann nicht zurückerlangt haben, wenn F. durch Übereignung seitens des B. Eigentümer geworden ist und die Anfechtung ihm gegenüber nicht wirkt. Die Voraussetzungen eines Eigentumserwerbes des F. nach §§ 873, 925, nämlich Auflassung und Eintragung, liegen laut Sachverhalt vor, doch war der Veräußerer B. – nachdem die Übereignung an ihn wirksam angefochten und damit nichtig geworden war – nicht mehr Eigentümer, so daß F. vom Nichtberechtigten erworben hat. Er kann daher nur nach § 892 erworben haben, wenn der Veräußerer B. im Grundbuch als Eigentümer eingetragen war, kein Widerspruch im Grundbuch stand und F. die Unrichtigkeit des Grundbuchs nicht kannte. Die beiden ersten Voraussetzungen ergeben sich wieder aus dem Sachverhalt; wie steht es mit der dritten, kannte F. die Unrichtigkeit des Grundbuchs, d.h. wußte er, daß B. gar nicht Eigentümer des Grundstücks war?

Da B. zur Zeit der Übereignung des Grundstücks an F. ja zunächst tatsächlich Eigentümer war und die Wirkung des § 142 I, daß es so gilt, als ob er nie Eigentümer gewesen wäre, erst mit der Anfechtungserklärung des E., also erst nach dem Erwerb des F. eintrat, konnte F. die Unrichtigkeit des Grundbuchs gar nicht kennen. Es ist daher klar, daß der Erwerb des F. in diesem Falle nicht von seiner Kenntnis eines fehlenden Eigentums des B. abhängen kann, sondern nur von seiner Kenntnis, ob der Eigentumserwerb des B. anfechtbar war. In der Tat bestimmt das auch der § 142 II: „Wer die Anfechtbarkeit kannte oder kennen mußte, wird, wenn die Anfechtung erfolgt, so behandelt, wie wenn er die Nichtigkeit des Rechtsgeschäfts gekannt hätte oder hätte kennen müssen." Es kommt daher darauf an, ob F. die Anfechtbarkeit des Übertragungsaktes E. an B. kannte oder nicht. Kannte er sie, dann wird er gemäß § 142 II so behandelt, wie wenn er die Nichtigkeit der Übereignung E. an B. gekannt, also gewußt hätte, daß B. nicht Eigentümer war. In diesem Falle könnte er nach § 892 kein Eigentum erworben haben. E. wäre wieder Eigentümer und könnte nach § 894 Grundbuchberichtigung, also Zustimmung des F. zu seiner, des E., Eintragung als Eigentümer in das Grundbuch verlangen. Kannte F. die Anfechtbarkeit nicht (gleichgültig, ob er sie kennen mußte, d.h. gemäß § 122 II, ob er sie infolge von Fahrlässigkeit – grober oder leichter – nicht kannte, denn fahrlässige Nichtkenntnis schadet bei § 892 nichts), so wird er so behandelt, wie wenn er die Nichtigkeit des Erwerbes des B. nicht kannte, also nicht wußte, daß B. nicht Eigentümer war. In diesem Falle ist F. Grundstückseigentümer geworden. Die Anfechtung wirkt ihm gegenüber nicht. E. ist nicht Eigentümer des Grundstücks und kann keine Grundbuchberichtigung von F. verlangen.

II. E. verlangt von V. Zustimmung zur Löschung des Vorkaufsrechtes.

a) In Betracht kommt auch hier zunächst ein Anspruch aus § 894; nämlich dann, wenn E. Eigentümer des Grundstücks ist und V. gar kein Vorkaufsrecht erworben hat, das Grundbuch also unrichtig ist. Ob E. Eigentümer des Grundstücks ist, hängt nach dem oben unter I. Gesagten davon ab, ob F. bei seinem Erwerb die Anfechtbarkeit des Erwerbes seines Rechtsvorgängers B. kannte oder nicht.

1. Kannte F. die Anfechtbarkeit nicht, dann hat F. Eigentum erworben, E. ist nicht mehr Eigentümer und kann schon deswegen einen Anspruch aus § 894 nicht haben.

2. Kannte F. dagegen die Anfechtbarkeit, dann hat er kein Eigentum erworben, E. ist Eigentümer geblieben. In diesem Fall fragt sich weiter, ob V. ein Vorkaufsrecht erworben hat. Ein dingliches Vorkaufsrecht verlangt zu seiner Entstehung gemäß § 873 Einigung und Eintragung im Grundbuch. Beides liegt nach dem Sachverhalt vor. Weiterhin muß entweder der Besteller Eigentümer des Grundstücks sein oder es müssen die Voraussetzungen des § 892 vorliegen. F., der das Vorkaufsrecht bestellte, war nicht Eigentümer des Grundstücks, aber er war im Grundbuch als Eigentümer eingetragen, ein Widerspruch dagegen im Grundbuch nicht enthalten, und V. kannte die Unrichtigkeit des Grundbuches offenbar nicht. Infolgedessen hat V. gemäß §§ 873, 892 ein dingliches Vorkaufsrecht am Grundstück erworben, das Grundbuch ist nicht unrichtig und E. hat auch jetzt nicht den Anspruch aus § 894.

b) An sonstigen Ansprüchen kommt nur der aus § 816 I S. 1 auf Aufgabe des Vorkaufsrechtes in Betracht. Voraussetzung ist, daß F. als Nichtberechtigter (Nichteigentümer) über einen Gegenstand (das Grundstück) eine Verfügung getroffen hat (Vorkaufsrecht bestellt), die dem Berechtigten (E.) gegenüber wirksam ist, und daß die Verfügung unentgeltlich erfolgte. Diese Voraussetzungen liegen in dem Fall, da F. die Anfechtbarkeit des Eigentumserwerbes des K. kannte, vor. In diesem Fall kann E. von V. Rückgabe des Erlangten, also des Vorkaufsrechtes, d.h. dessen Aufhebung verlangen. Die Aufhebung würde gemäß § 875 durch Erklärung des V., daß er das Vorkaufsrecht aufgebe und durch dessen Löschung im Grundbuch erfolgen. Die Aufgabeerklärung müßte gemäß § 875 I S. 2 entweder dem Grundbuchamt oder dem E. gegenüber erfolgen.

Wir bitten um Beachtung

der umstehenden Verlagsanzeige

FSC
www.fsc.org
MIX
Papier | Fördert
gute Waldnutzung
FSC® C083411

Kolibri 360 GmbH
Ferdinand-Jühlke-Straße 7
99095 Erfurt, Deutschland
produktsicherheit@kolibri360.de